职业教育电子商务专业 系列教材

农村电子商务

主 编／吴 成 邓 敏

副主编／宋 博 林冰钿 陈锐虹

参 编／（排名不分先后）

谢 淳 林妙华 宁维维 严志麟 殷学祖

重庆大学出版社

内容提要

农村电子商务是电子商务的重要领域，担负着推动乡村振兴的重要职责。随着直播、短视频等新兴业态的迅速发展，农村电子商务迎来了新的机遇。本书打破职业教育的传统编写模式，采用"项目—任务—活动"的编写体例，通过项目任务细分，课堂活动操作，融入思政元素，将理论知识与实践操作相结合。全书内容包括6个项目：走进农村电子商务世界、打造农村电子商务品牌、搭建农村电子商务网店、运营农村电子商务网店、运营农村电子商务新媒体和农村电子商务交易与物流，在项目任务引领下，培养新农人助力乡村振兴。

本书可作为职业院校电子商务专业、农村电子商务专业、市场营销专业等商贸相关专业的教材，也可作为企事业单位电子商务从业人员、农村电子商务相关从业人员、参加农村电子商务创业实践人员的培训参考用书。

图书在版编目（CIP）数据

农村电子商务 / 吴成，邓敏主编. -- 重庆：重庆大学出版社，2023.7
职业教育电子商务专业系列教材
ISBN 978-7-5689-3663-7

Ⅰ.①农… Ⅱ.①吴… ②邓… Ⅲ.①农村—电子商务—职业教育—教材 Ⅳ.①F713.36

中国国家版本馆CIP数据核字（2023）第072188号

职业教育电子商务专业系列教材
农村电子商务
NONGCUN DIANZI SHANGWU

主　编　吴　成　邓　敏
副主编　宋　博　林冰钿　陈锐虹
策划编辑：王海琼
责任编辑：王海琼　　　版式设计：王海琼
责任校对：王　倩　　责任印制：赵　晟
*
重庆大学出版社出版发行
出版人：陈晓阳
社址：重庆市沙坪坝区大学城西路 21 号
邮编：401331
电话：（023）88617190　88617185（中小学）
传真：（023）88617186　88617166
网址：http://www.cqup.com.cn
邮箱：fxk@cqup.com.cn（营销中心）
全国新华书店经销
重庆紫石东南印务有限公司印刷
*
开本：787mm×1092mm　1/16　印张：10.25　字数：257 千
2023 年 7 月 1 版　2023 年 7 月第 1 次印刷
印数：1—3 000
ISBN 978-7-5689-3663-7　定价：49.00元

编写人员名单

主　编　吴　成　东莞市轻工业学校

　　　　　邓　敏　广州市机电技师学院

副主编　宋　博　广州市机电技师学院

　　　　　林冰钿　汕头市澄海职业技术学校

　　　　　陈锐虹　汕头市澄海职业技术学校

参　编　（排名不分先后）

　　　　　谢　淳　广州市机电技师学院

　　　　　林妙华　汕头市澄海职业技术学校

　　　　　宁维维　广西玉林农业学校

　　　　　严志麟　云浮市中等专业学校

　　　　　殷学祖　广州市德镱信息技术有限公司

　　"十三五"时期，农村电子商务全面起步，交易规模持续快速增长，电子商务进农村综合示范深入推进，农村电子商务基础设施加速完善，各大电子商务平台积极踊跃下乡，有力促进农民增收和农村经济社会发展。《"十四五"电子商务发展规划》明确指出，电子商务要"与一、二、三产业加速融合，全面促进产业链、供应链数字化改造，成为助力传统产业转型升级和乡村振兴的重要力量"，并重点推进乡村产业振兴，推动数字乡村建设，完善农村电商生态体系，强化农村电商人才支撑。

　　党的二十大报告提出要"全面推进乡村振兴"。为适应乡村振兴、数字经济的发展战略，发展农村电子商务，加快农村电子商务专业人才培养，推动乡村人才振兴，推广与普及农村电子商务知识与技能，我们编写了本书。本书结合农村电子商务最新发展动态，从应用的角度全面系统地介绍了农村电子商务领域各个方面的基本知识和技能，按照项目导向和任务驱动的形式组织教材体系结构和内容。内容主要包括6个项目：走进农村电子商务世界，打造农村电子商务品牌，搭建农村电子商务网店，运营农村电子商务网店，运营农村电商新媒体，农村电商交易与物流，并根据每个项目内容与特点，安排了具体的情境任务、课堂活动、合作实训和项目检测。

　　本书具有以下特点：

　　（1）本书打破职业教材的传统编写模式，采用"项目→任务→活动"的编写体例，通过具体项目模块、任务细分，课堂活动操作，融入相关的理论知识，改革了从纯理论入手的传统教学模式。

　　（2）本书编写内容以学生为主体，以项目为驱动，让学生亲身体验真实的农村电子商务情境、任务实践，在做中学、学中做。遵循先易后难的原则，从简单的课堂活动引出相关理论知识，再进行综合实训。

　　（3）本书将价值塑造、知识传授和能力培养三者融为一体，将爱国敬业、诚实守信、遵纪守法、大胆创新等课程思政内容融入课程教学和改革的各环节、各方面，实现立德树人润物无声，培养新农人的职业理想、家国情怀、工匠精神、服务意识、安全意识、风险意识与可持续发展观念。

本书的每个项目设计2~3个任务，每个任务安排若干活动。项目的基本结构如下：

【项目综述】简述本项目要完成的具体任务及涉及的相关知识点。

【任务情境】本任务依据真实的学习状况和公司动态设定情境。

【知识窗】本任务完成所涉及的农村电子商务相关理论知识。

【活动实施】本任务分解成若干个具体的课堂活动，指导学生完成活动的具体步骤。

【项目总结】启发学生对本项目所涉及的知识和技能的回顾和总结。

【项目检测】帮助学生思考、理解和掌握本项目。

当学生系统学习本书之后，不仅能够全面了解行业发展历程和网络交易平台状况，同时能学习和体验品牌设计、网络开店、网络购物、直播带货和物流配送等活动，掌握一定的新媒体营销活动推广和农村电子商务网店运营的技能，培养农村电子商务职业道德和就业创业的相关知识和技能。

本书的配套资料有多媒体课件、视频、案例素材、项目检测习题的参考答案，可在重庆大学出版社的资源网站（www.cqup.com.cn）上下载。

本书由吴成、邓敏担任主编，并统筹编写；由林冰钿、宋博、陈锐虹担任副主编，协助完成审稿和配套教学资料的整合。本书编写分工如下：项目1由邓敏、谢淳编写；项目2由林妙华编写；项目3由陈锐虹编写；项目4由宋博编写；项目5由宁维维、严志麟编写；项目6由林冰钿、邓敏编写；本书的素材由广州市德镱信息技术有限公司殷学祖总经理提供。在编写过程中，编者参阅、借鉴并引用了大量国内外关于农村电子商务技术、创新方面的资料和研究成果，浏览了许多相关网站，在此深表感谢。

由于编者水平所限，加之农村电商发展变化较快，书中疏漏之处在所难免，恳请广大读者批评指正，不吝赐教！

编　者

2023年3月

项目4　运营农村电子商务网店

项目5　运营农村电子商务新媒体

项目6 农村电子商务交易与物流

参考文献

项目 1
走进农村电子商务世界

☐ 项目综述

党的二十大提出，要全面推进乡村振兴，坚持农业农村优先发展，加快建设农业强国。近年来，电子商务逐渐成为农产品销售的重要渠道，农村电子商务（也可称为"农村电商"）成为推动农村发展、农业升级、农民增收，助力乡村振兴的新引擎。

广州某学院与湖南省湘西花垣县职业高级中学签订了精准帮扶协议，龙海燕通过该项计划高中毕业后来到广州学习电子商务专业，通过学习"电子商务基础""电子商务职业认知"等课程掌握了电子商务理论与实操基础。正值金秋十月，花垣县的水果猕猴桃丰收，但当地经销市场上出现供大于求的状况，家里的猕猴桃滞销，龙海燕、龙志平、石坤同学组成一个团队，准备开设网店来帮助家乡销售猕猴桃。

在任课老师宋老师的指导下，龙海燕、龙志平、石坤同学了解到要开设一家店铺，不是简单地拍摄图片、装修网店、发布商品就可以了，还需要全面掌握农村电商的国家政策、农村电商品牌的设计、网店的布局与规划、新媒体营销、农产品物流等内容。开店之前需要了解我国农村电商的发展历程、政策支持与发展方向。

接下来，让我们走进项目1，一起来了解农村电子商务世界吧！

☐ 项目目标

通过本项目的学习，应达到的具体目标如下：

素质目标
◇培养学生严谨、细致、实事求是的职业态度和职业素质；
◇培养自主探究学习的精神和信息处理能力；
◇培养团队、协作的团队意识和沟通合作能力；
◇培养民族自信心和自豪感。

知识目标
◇了解农村电子商务的概念；
◇了解农村电子商务的发展；
◇掌握农村电子商务的扶持政策；
◇掌握农村电子商务模式的特点、典型代表。

能力目标
◇熟练运用互联网搜索各大电子商务平台的开店要求；
◇能够区分不同类型的农村电子商务模式；

◇能够分析各大电子商务平台同类网店的运营情况；
◇能够运用归纳法总结农村电子商务部门的组织结构、工作职责、岗位要求。

□ 项目思维导图

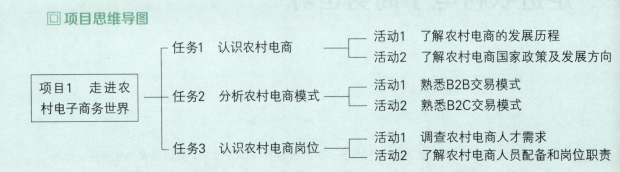

项目1 走进农村电子商务世界

- 任务1 认识农村电商
  - 活动1 了解农村电商的发展历程
  - 活动2 了解农村电商国家政策及发展方向
- 任务2 分析农村电商模式
  - 活动1 熟悉B2B交易模式
  - 活动2 熟悉B2C交易模式
- 任务3 认识农村电商岗位
  - 活动1 调查农村电商人才需求
  - 活动2 了解农村电商人员配备和岗位职责

任务1
认识农村电商

情境设计

宋老师告诉同学们，做农村电商之前，要先了解我国农村电商行业的相关政策以及各大电商平台的开店要求，构建产品销售、物流、售后的电子商务服务体系，明确各岗位分工与职责，了解岗位具体工作内容与任职资格要求。下面，一起来看看龙海燕和她的同学们是如何收集信息的。

任务分解

为成功销售家乡的农产品，龙海燕团队在学校指导教师的引导下需要先借助网络搜索工具了解农村电子商务的发展历程，掌握农村电子商务的相关政策规定，深入了解电子商务的基本理论知识，分析各大电子商务平台的开店要求与条件。在此基础上，小组先梳理开店准备工作清单。

概括起来就是3件事：政策收集；分析模式；熟悉岗位。

活动1 了解农村电商的发展历程

活动背景

龙海燕和她的同学们准备开设网店销售农产品——湘西花垣县的猕猴桃。首先，在学习农村电子商务的国家政策、发展趋势基础上总结农村电子商务的特点和组成要素；然后，通过指导老师的小组活动巩固知识。

🖥 知识窗

1.农村电子商务的定义

农村电子商务（简称"农村电商"）是指利用互联网，通过计算机、移动终端等设备，采用多媒体、自媒体等现代信息技术，为从事涉农领域的生产主体提供在网上完成产品或服务的销售、购买、电子支付等业务交易的过程。

2.农村电子商务的主体

农村电子商务是电子商务进农村的具体应用，指在农村场景下开展的电子商务业务。农村电商包含3个主体1平台1中心，即城市消费者、当地消费者、农民3个参与主体，农村电商平台和县域运营中心。为了开展农村电商活动，需要建立电商基础设施、对接电商平台、培训农村电商从业人员、搭建物流等服务体系等，如图1.1.1所示。

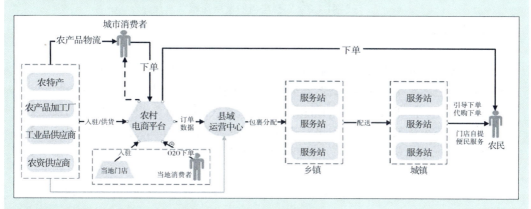

图1.1.1　农村电商的交易主体

在农村电商发展过程中，形成了由生产/制造，交易流通电商平台，信息服务，媒体/推广，产业园与集散地、产业促进者、第三方服务共同构成的农村电商产业生态链，如图1.1.2所示。

图1.1.2　农村电商产业生态链发展图谱

3.农村电商的发展历程

从2013年至今，我国农村电商经历了探索启动期、快速发展期以及成熟稳定期3个阶段，如图1.1.3所示。农村电商的政策体系基本形成,电商生态初步完善,电商平台规则不断更新,农村电商高速发展。

图1.1.3 农村电商的发展历程

4.农村电商的服务对象

(1)农资电商

农资电商是涉农物资的电子商务,交易产品是农业生产资料,不再是普通消费品。被交易的产品不是被一次性消费,而是要进入再生产过程,如农业运输机械、农村生产及加工机械、种子、农药、化肥等。因此,传统电商消费者所看重便宜、方便因素已经不是农资电商最重要的衡量标准,而该农资产品的特点、产品质量、使用方法、使用时机、配套技术应用、售后服务,以及投入产出比等诸多因素,则成为更重要的衡量因素。

(2)农产品电商

农产品电商是农产品的生产加工及配送销售等过程中全面导入电子商务系统,利用信息技术进行供求、价格等信息的发布与收集,并以网络为媒介,依托农产品生产基地与物流配送系统,使农产品交易与货币支付的迅速、安全得以实现。

农产品在电商产品中,有一部分是生鲜食品,这些产品存在着供应时效、储运能力和成本控制等方面的问题。尤其突出的问题是,农产品电商缺乏像工业品电商所能够享有成熟的产业化的基础,其产品的数量和质量尚不具备一致性和可预测性。

(3)乡村旅游+农村电商

农村旅游电商是电子商务和乡村旅游、乡村经济融合发展的产物。乡村旅游属于旅游行业和农业产业之间进行融合之后形成的新型产物,已经变成了我国市场经济快速提高的重要增长点,并且被众多领域关注与重视。我国属于农业大国,在促进乡村旅游健康可持续发展方面具备优势。在当前农村电商的有效支撑下,乡村旅游为我国农业产业与经济的快速发展增添了更多的新型推动力。

(4)直播+农村电商

"直播+电商"是乡村振兴、农民致富的新选择,直接打通、激活了现有农村电商系统。"直播+电商"是农民自己开直播自己售卖,在拼多多等大型电商平台上开网店,让农产品更好地快递到消费者手中。这种销售模式因为能够看得到货物,所以在一定程度上消除了消费者对货物品质的担忧,村民可以在自家田地中进行直播,只需要一部手机,不需要任何投入,方便又省力。与此同时,在拼多多的助农计划当中可以为卖农产品的村民提供技术支持,不仅让很多不会直播的村民心里有底,还可以更好地促进农产品的销售。

2020年由于受新冠疫情影响，很多农产品的线下销售都开始转型线上直播销售。习近平总书记在陕西省考察时指出，电商作为新兴业态，既可以推销农副产品，又可以推动乡村振兴，是大有可为的。大力发展"直播带货"等农村电商新业态，须坚持市场导向，转变营销理念，完善配套服务，规范行业监管，让农产品"直播带货"成为农民的新时尚。

2021年10月，商务部、中央网信办、发展改革委三部门印发《"十四五"电子商务发展规划》，提出在强化电子商务治理体系和治理能力方面，要重点开展直播电商、社交电商、农村电商、海外仓等新业态标准研制，加强电子商务监管治理协同，探索建立"互联网+信用"的新监管模式，引导直播电商平台建立信用评价机制。"直播+电商"让农民在粮食生产上获得了更多效益。

活动实施

🗔 **搜一搜**　农村电子商务的相关政策。

步骤1：选用合适的搜索引擎或其他电子商务信息检索工具在中国政府网搜索我国农村电商的相关政策，搜索信息如下：

①国家层面出台了哪些关于农村电子商务乡村振兴等相关政策？

②地方层面出台了哪些关于农村电子商务政策实施的配套文件？

③选出一些乡村振兴的典型事件进行案例分析，成功的因素有哪些？

步骤2：3～4人为一组，选出小组代表，分工、合作整理出各自对农村电子商务政策的认知。

步骤3：小组代表分享成果。

🗔 **做一做**　浏览农村电商网站。

步骤1：打开百度，搜索农村电商相关网站，请列出常用农村电商网站的网址。

序　号	网站名称	网　址
1		
2		
3		
4		

步骤2：3～4人为一组，组员讨论后选择出一个自己组更加喜欢的网站，点击链接进入网站，查看该网站的结构信息。建议每个成员看完之后查找该网站的特色与优势，从用户的角度归纳填写下表。

网　站	淘　宝	京　东	拼多多
排版特点			
结构特点			
功能特点			
服务特点			
综合评价			

活动小结

龙海燕团队通过活动初步了解了农村电子商务的定义与发展历程，接触了互联网搜索工具，并且利用互联网更加深入地了解了农村电子商务网站的相关特点。这次活动是小组成员第一次尝试合作，可在活动中互相了解对方，加强团队合作意识。

活动2　了解农村电商国家政策及发展方向

活动背景

龙海燕团队在学习农村电子商务的国家政策之后，龙海燕、石坤等对乡村振兴充满了信心，准备开设网店销售家乡的猕猴桃。团队成员需要进一步了解地方政策及选定农村电商网店的发展方向，然后通过指导老师的小组活动巩固知识。

📋 知识窗

1.农村电商的中央文件重点

2014—2022年，农村电子商务（简称"农村电商"）连续9年写入中央一号文件，2017年的中央一号文件更是专设一节，从更高层次、更广视角（农业经营主体、农产品、电子商务进农村综合示范县、电商产业园等）关注农村电商，并首次提出"推进农村电商发展"。

自2018年以来，中央一号文件公布全面部署乡村振兴战略，不断聚焦"三农"，并且明确时间表、路线图、任务书。在推进农村电商和物流发展方面，2018年中央一号文件也给出了具体目标。

2019年的中央一号文件明确指出，2019年和2020年两年是全面建成小康社会的决胜期，"三农"领域有不少必须完成的硬任务。文件提出实施数字乡村振兴战略，深入推进"互联网+农业"。

2020年，农村电商依然是中央一号文件关注的重点内容之一，补短板的政策导向非常明确。

2021年，中央一号文件提出，全面促进农村消费。加快完善县乡村三级农村物流体系，改造提升农村寄递物流基础设施，深入推进电子商务进农村和农产品出村进城，推动城乡生产与消费有效对接。

2022年，中央一号文件提出，持续推进农村一、二、三产业融合发展。鼓励各地拓展农业多种功能、挖掘乡村多元价值，重点发展农产品加工、乡村休闲旅游、农村电商等产业。实施"数商兴农"工程，推进电子商务进农村，促进农副产品直播带货规范健康发展。

连续9年中央大力倡导，地方各级政府积极落实，为农村电商持续健康发展提供了有力保障。

2.农村电商的发展趋势

（1）农村电商保持快速发展势头：随着"三网融合"、物联网、大数据、云计算等创新技术的广泛使用，涉农电商规模将向多样化发展，与智能农业、智能流通、智能消费连接成一个有机的整体，涉农电商服务环境日趋改善。

（2）农村电商服务环境日趋改善：各类专业服务商开始进入农村，提供货源供给、仓储、摄影摄像、图片处理、网店装修代运营、策划运营、融资理财、支付、品牌推广与管理咨询、人才培训、物流、法律等一系列服务。

（3）农村电商产业链不断延伸：农村从零售商转为分销商，从单纯的渠道商转为品牌商，从原材料采购到设计，寻找生产厂家代工，最后将货品分销给其他小型网商，逐步建立以品牌商、批发商、零售商为主体的电商纵向产业链层级。

（4）农村电商线上线下融合趋势：农产品批发市场将发挥线下实体店的物流、服务、体验等优势，推动实体与网络市场融合发展，实现线下实体市场的转型。

3.农村电商的新机遇

2021年10月，商务部、中央网信办、发展改革委印发《"十四五"电子商务发展规划》（以下简称《规划》），在《规划》的七大主要任务中提到，服务乡村振兴，带动下沉市场提质扩容，农村电商2025年的交易额将达2.8万亿元。《规划》对农村电商的发展起到积极的推动作用，农村电商将成数字农业和乡村振兴"标配"。《规划》有利于促进农村电商的快速发展。数字经济时代，电商作为新兴业态，既可以推销农副产品，又可以推动乡村振兴，是大有可为的。乡村振兴战略为农村电商发展带来新机遇，农村电商的发展，促进了农村和城市资源要素双向流动。随着电商越来越深入农村市场，电商基因正在逐步深入农村各地，将会更加促进农村和城市的资源互通，让农村电商的业态愈加多元化，为农村注入活力。

2022年中央一号文件提出要"大力推进数字乡村建设"，具体要着重农村信息基础设施建设、智慧农业发展、数字化赋能乡村治理和乡村公共服务、拓展农业农村大数据应用场景、推动数字乡村标准化建设并构建评价指标体系、持续开展数字乡村试点等关键任务。

数字乡村建设发展的基本路径主要在以下几方面：

其一，大力发展乡村数字经济。乡村数字经济主要包括农业数字化生产、乡村数字化物流、乡村数字化营销、乡村数字化金融、乡村数字化创新等方面。

其二，积极推进乡村数字治理。乡村数字治理主要包括乡村党务、政务、村务、综治、环保及应急管理等方面数字化转型发展。

其三，努力提升乡村数字生活。乡村数字生活主要包括乡村服务（如办事、教育、卫健、养老等）、文化、消费等方面数字化转型发展。

其四，加强县域基础数据资源体系建设和数字中台建设。在加快推进以

《"十四五"电子商务发展规划》

县城为重要载体的城镇化建设的背景下,随着数字乡村建设发展走上快车道,各级政府必将大力推进基于县域的乡村基础数据资源体系和数字中台建设。

活动实施

☐ **做一做** 我国农村电商的发展新趋势。

步骤1:通过合适的搜索引擎(如百度、必应等)或者其他电子商务信息搜索我国农村电商的发展新趋势。

序 号	搜索网站	发展新趋势
1		
2		
3		
4		

步骤2:同学分组,按照3~4人一组,并选出小组代表,分工、合作整理出当地电子商务发展的政策,以及用亲身经历谈谈近3年农村电商在自己家乡发生了哪些翻天覆地的变化。

序 号	家 乡	农村基础设施变化	农村电子商务变化
1			
2			
3			
4			
5			

步骤3:团队成员分工,共同制作某地区农村电子商务发展的汇报PPT,小组代表上台演示,图文并茂地展现在国家乡村振兴政策的大力扶持下及5G技术、区块链、物联网技术的迅速发展,乡村生活的变化。

活动小结

龙海燕团队通过活动初步了解了农村电子商务的国家政策及发展方向,接触了互联网搜索工具,并且利用互联网更加深入地了解了农村电子商务的发展趋势,结合自身感受谈论了农村电商给家乡带来的变化。这次活动团队成员在合作中互相了解对方,不仅增强了沟通合作能力,还培养民族自信心和自豪感。

任务2
分析农村电商模式

情境设计

经过上次任务的学习,龙海燕团队了解了农村电商在乡村振兴中发挥了重要作用。不同的农产品采用的销售模式略有不同,龙海燕等同学需要根据农产品的特点,进行市场调研,采用不同的电子商务模式搭建销售模式。团队成员对此次活动很感兴趣,但是他们不太了解农村电商的平台的模式,因此需要进行新一轮的学习。

任务分解

为了更好地搭建平台,同学们在学校指导老师宋老师的指引下,先熟悉农村电子商务的模式,再选择合适的模式来发展农村电商的网店。

概括起来就是3件事:熟悉农村电商模式;选择农村电商模式;了解农村电商岗位。

活动1　熟悉B2B交易模式

活动背景

龙海燕团队经过学习对农村电子商务的定义、发展及相关政策有一定的了解,但是对农村电商的分类体系较为陌生。由于企业招聘的团队成员是需要对电子商务模式有一定了解的实习生,因此他们需要系统学习农村电子商务的分类模式。

📋 知识窗

农村电子商务交易模式分类

农村电商模式按照交易的对象可以分为B2B、B2C、C2C、O2O、C2B、C2F等。

●B2B模式:即企业到企业的电子商务模式,它是企业到农户或一级批发市场集中采购农产品然后分发配送给中小农产品经销商的行为。这种模式的企业双方互为供应方和需求方,为对方提供生产所需的原料或者半成品,优点是为中小农产品批发或零售商提供便利,节省其采购和运输成本。

代表企业：一亩田、惠农网、绿谷网。

模式优势：无须承担压货的风险、链接上下游，发展空间大。

●B2C模式：即企业与消费者之间的电子商务模式，这里的企业指位于城里或城郊的工业品加工企业，也指农产品加工企业，它们通过商城类、综合类、垂直类电商平台，将产品直接销售给终端消费者。

代表企业：天猫、京东、中粮我买网。

模式优势：平台知名度高、需求量大。

●C2C模式：消费者与消费者之间的电子商务模式，普通消费者通过开设网店进行创业或者作为第二职业，买卖双方通过在线交易平台提供产品或者服务。

代表企业：易趣、eBay、淘宝。

模式优势：商品选择多、互动性强。

●O2O模式：线上线下相融合的电子商务模式，即将线下商务的机会与互联网结合在一起，让互联网成为线下交易的前台。这样线下产品或服务就可以在线上来揽客，消费者可以在线上筛选产品或服务，还可以在线结算，快速达成交易。

代表企业：美团、天鹅到家、饿了么、携程旅游。

模式优势：社区化模式，物流配送便利快捷。

●C2F模式：农户到生产加工企业的电商模式，又称农场直供模式。农户根据农产品生产企业的订单数量、产品类型、客户个性化需求等为其提供农产品，农户可能是生产同一类型产品的一群人、一个村或者是一个镇等集体组织。

代表企业：沱沱工社。

模式优势：可以快速建立消费者的信任感。

活动实施

📋 **做一做** B2B农村电商交易模式分析。

"惠农网"是B2B网站（首页见图1.2.1），请分析农村电商的B2B交易模式是如何开展的？有哪些参与主体？

图1.2.1 农村电子商务B2B网站"惠农网"首页

步骤1:利用互联网登录"惠农网"搜索关键词"猕猴桃",发现有翠香猕猴桃、海沃德猕猴桃、红心猕猴桃、华优猕猴桃、红阳猕猴桃和米良1号猕猴桃等多个品种,湖南湘西的猕猴桃正属于米良1号猕猴桃(见图1.2.2),选择"查看店铺"可以在详情页中看到供应商是"××彦英家庭农场水果基地",交易流程如图1.2.3所示。

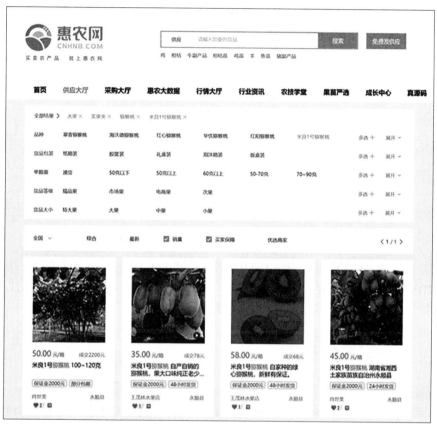

图1.2.2 惠农网搜索米良1号猕猴桃

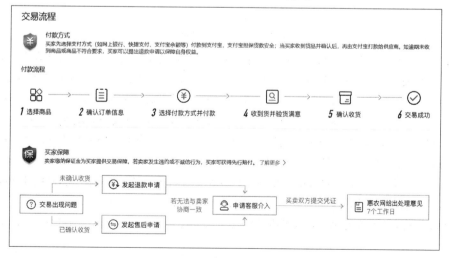

图1.2.3 惠农网交易流程

步骤2: 根据搜索的资料归纳、总结出B2B农村电商模式交易的参与主体, 完成下表的供应商、采购商与平台方的填写。

供应商	
采购商	
平　台	

步骤3: 分析B2B模式的优势。

_____

_____

_____

活动小结

龙海燕团队通过活动分析了农村电商B2B交易模式的参与主体, 通过实操的方式熟悉了农村电商B2B交易模式的交易流程、交易方式、付款方式、物流运输等。这次活动团队成员在合作中互相了解对方, 培养自主探究学习的精神和信息处理能力。

活动2　熟悉B2C交易模式

活动背景

龙海燕团队经过任务活动的学习, 基本掌握了农村电子商务B2B模式, 目前企业由于发展需要探索B2C的交易模式, 因此需要更新农村电商的B2C模式方面的知识。

🗐 知识窗

农村电商B2C交易模式

1.在"互联网+"时代背景下, 我国农村电商近年来取得了飞速发展, 政府出台了一系列的政策为农村电商保驾护航, 商业巨头也纷纷投入巨资开发农村电商平台。随着近几年农村电商的兴起, 越来越多的城镇居民会选择去各大电商App平台购买农副产品。凭借着天然有机、绿色环保的优势, 农村电商购物方兴未艾。2021年的数据显示, 中国一线城市的网购人数已达到将近5亿, 县级以及农村的网购人数已突破9亿, 众多农产品商家纷纷大规模进军电商市场, 如农村淘宝、京东的生鲜到家、抖音的农产品直播等。

2.农村电子商务, 通过网络平台嫁接各种服务于农村的资源, 拓展农村信息服务业务、服务领域, 使之进而成为遍布县、镇、村的"三农"信息服务站。

3.农村电商平台配合密集的乡村连锁网点, 以数字化、信息化的手段、通过集约化管理、市场化运作、成体系地跨区域跨行业联合,构筑紧凑而有序的商业联合体,降低农村商业成本、扩大农村商业领域,使农民成为电商平台的获利者,使商家获得新的利润增长。

4.农村电商B2C模式是目前农村电商领域里最主要的经营业态。此类模式又分两类经营形式,一类是纯B2C,即企业自身不生产任何产品,所售卖的产品均来自其他品牌商和农场,典型代表是顺丰优选、本来生活;另一类是"自有农场B2C",即企业自身在某地区承包农场,亲自种植瓜果蔬菜、饲养鸡鸭牛羊等,然后通过在网络上自建B2C网站的方式直接销售给消费者。因此,其所售卖的产品多是自己的产品,当然,为了丰富产品也会整合少量其他农场或品牌商的产品。

活动实施

🔲 做一做　B2C农村电商交易模式分析。

天猫的运营模式是典型的B2C,是一个综合性的购物网站(见图1.2.4),也就是通常说的网上商业零售,整合数千家品牌商、生产商,通过线上交易平台直接面向消费者销售产品和服务。这种模式节省了客户和企业的时间和空间,大大提高了交易效率。

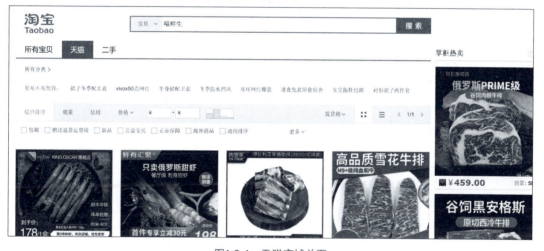

图1.2.4　天猫商城首页

步骤1:搜索天猫,打开网站,分析天猫商场的主题市场,找到生鲜水果类目,查看该类目有多少子类目,是如何划分的。

步骤2:在搜索栏输入关键词"猕猴桃"(见图1.2.5),通过浏览产品的综合排名、人气排名、新品排名、销量排名、价格排名等了解天猫商城中农产品交易的数据。

步骤3:选择合适的产品,体验交易过程,以客户身份下单"立即购买"(见图1.2.6),体验拍下商品、付款到支付宝、确认收货与评价4个环节。

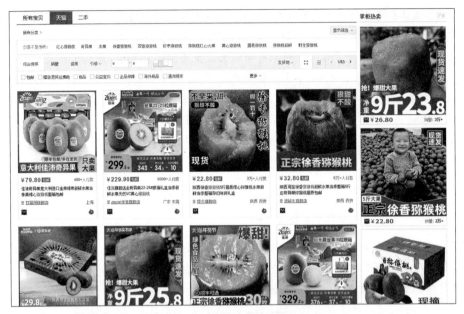

图1.2.5　天猫商城搜索页面

图1.2.6　天猫商城购买页面

步骤4: 归纳、总结B2C模式的参与主体。

网上商城: 也称虚拟商城、线上商城, 是商家直接面向消费者的场所。

企业: 在网上商城上开店的品牌商或生产商。

个人消费者: 利用互联网在网上商城购买商品或服务的一方。

请将网上商城、企业、个人消费者填入下图中。

步骤5: 对比不同商家的交易金额、交易物流、发货时间及退换货的条件, 填入下表中。

序　号	店铺名	交易金额	交易物流	发货时间	退换货条件
1					
2					
3					
4					

步骤6: 分析农村电商B2C与B2B模式的5个不同之处, 填入下表中。

序　号	不同之处	B2B模式	B2C模式	发货时间	退换货条件
1	交易参与对象				
2	交易规模				
3	交易金额				
4	交易发货时间				
5	物流模式				

活动小结

龙海燕团队分析了农村电子商务B2C交易模式的参与主体, 熟悉了农村电商B2C交易模式的交易流程、交易方式, 付款方式、物流运输、评价等, 并且对比分析了B2B与B2C交易模式的5个不同之处。这次活动团队成员在头脑风暴中敢于表达自己的观点, 培养他们严谨、细致、实事求是的职业态度和职业素质, 提高自主探究学习和信息处理能力。

任务3
认识农村电商岗位

情境设计

龙海燕团队经过学校指导老师的活动引导后，掌握了农村电子商务的不同模式。在开店之前，还需要了解从事农村电商有哪些工作岗位，每个岗位的工作任务与工作职责，以便针对工作内容更好地分工合作，达到农村电商店铺盈利的目标。

任务分解

农村电商在开店前需要做好店铺的规划，首要规划就是人员的安排。同学们询问指导老师，如何做好分工，怎么合理安排工作内容，如何顺利进行网店的开设与运营，最终实现振兴乡村的理想，那么需要做的工作有确定农村电商人才现状，人才需求及工作岗位要求，达到人职匹配。

概括起来包括调查农村电商人才需求、分析工作岗位。

活动1　调查农村电商人才需求

活动背景

龙海燕团队经过学校指导老师的活动引导后，基本掌握了农村电子商务的基础理论知识。为了解目前农村电商发展的人才短板，他们还需要对我国农村电子商务人才的分类及需求有更加深入的了解，因此开启了探索之旅。

🗒 知识窗

农村电子商务需要怎样的人才？

农村电子商务，通过网络平台嫁接各种服务于农村的资源，拓展农村信息服务业务、服务领域，使之兼而成为遍布县、镇、村的"三农"信息服务站。作为农村电子商务平台的实体终端直接扎根于农村服务于"三农"，真正使"三农"服务落地，使农民成为平台的最大受益者。

中国农业大学智慧电商研究院发布《2020中国农村电商人才现状与发展报告》（以下简称《报告》），详细分析政府、企业在推动中国农村电商人才发展中的重要作用，并对未来农产品上行电商人才需求作出预估：未来五年，中国农村电商人才缺口将达350万人。

农村电商都需要哪些人才？

农村电商人才是指农村电商的管理、运营和操作人员，农村电商对实践能力要求很高，范围宽泛，包含电商战略规划、电商管理运营、电商实践操作、跨界融合以及行业资源整合等方面，没有扎实的专业基础和实践基础，很难准确地把握市场。根据当前的农村电商发展模式，迫切需要大量的运营操作人员。随着政府和社会对农村电商的不断推动，农村电商将会需要更多的电商战略人才、先进技术人才和创新创业型人才。

（1）农村电商运营操作人才

农村电商运营操作人才是当前农村电商发展需求量最大的部分，包括完成农产品及服务的电商平台如B2B、B2C、C2C和微信平台的运营工作人员；完成农产品及服务的市场调查、品牌推广、产品推广销售，能够利用互联网、固定终端和移动终端进行农产品和品牌的推广营销人员；完成农产品网络销售的售前、售中和售后客户服务工作的客服人员。要求这些人员能够熟悉农产品及服务的特点，掌握具体的网络营销方法和工具，网络客户服务技能，各大电商平台操作流程以及电子商务的基本知识。

（2）农村电商战略管理人才

农村电商是一个系统化的工程，包括农产品的选择、战略定位、供应链管理、战略规划等诸多内容，是对传统商业思维的颠覆，需要战略管理层面的人才从宏观的角度来思考产品、品牌和运营管理的问题。这要求农村电商战略管理人才需要具备互联网新思维和各方面的综合素质。

（3）农村电商技术人才

在电子商务模式中，技术是推动其发展的必要条件，没有技术的支撑，电子商务无法实现商务模式的运营。在农村电商发展中，需要有完成农产品及服务的电商配套技术，包括计算机网络处理、图片处理、网站建设维护、页面设计等技能。除此之外，还需要数据分析人员，数据分析对于农产品的生产预测、销售预测、产品推广等都具有很大的推动作用，尤其是在大数据时代，数据的掌握和分析是商务成功与否的关键。但是，当前农村电商中非常缺乏此类人才，而且重视度也不够。

（4）农村电商创业型人才

要深入实施扶持青年创新创业政策，通过创业带动当地农民致富，进而推进农村电商的创业。利用电子商务技术和思维，因地制宜围绕农特产品生产加工、农村旅游、农产品生产基地体验、农村服务业等开展创业，完善农家乐、农艺兴趣培训班等新型农业特色产品服务。

要完成农村电商创业项目的实施和带动，需要有电商创新创业型人才，能够利用电子商务技术和手段提高农产品的种植、加工、运营和管理水平，构建数字化、网络化、智能化、专业化的信息化农业新模式，创建基于互联网思维的农业农产品经营服务模式，形成示范带动效应，促进农村电子商务发展水平明显提升。这就需要有一批具有创新创业精神和技能的人才，他们应具有行业敏感性、资源整合能力、创新思维和人员能力等特质。

活动实施

🖥 **做一做** 了解农村电子商务人才的现状与发展报告。

使用计算机或手机打开浏览器，搜索"中国农业大学智慧电商研究院《2020中国农村电商人才现状与发展报告》"，或者输入中国农网网址，在新闻动态中查看报告全文。

步骤1：阅读报告全文，根据报告，我国农村电商人才缺口预测，在2022年的预测是____万人，在2023年的预测是____万人，在2024年的预测是____万人，在2025年的预测是____万人。

步骤2：电商人才发展模式有两大类，一类是_____，另一类是_____。

步骤3：农村电商从业人员的文化程度初中文化占＿＿＿＿%，高中文化占＿＿＿＿%，大学文化占＿＿＿%。这说明电商专业毕业的人才在基层农村电商就业的比例□高□低(请在正确的□打钩)。

步骤4：分析搜索的结果，根据双零人才培养模型，见图1.3.1，作出总结。

①农村电商的人才培养需求是什么？

②农村电商的人才培养供给有哪些要素？

③双零人才培养模式的重点是哪两方面？

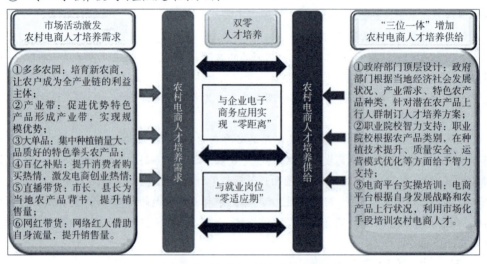

图1.3.1　农村电商"双零人才培养"模型

活动小结

龙海燕团队通过活动分析了农村电子商务人才现状，并且通过分析、归纳、总结出农村电商人才需求。团队成员通过搜集资料、查找数据、归纳与分析共同得出结论，培养他们严谨、细致、实事求是的职业态度和职业素质，提高自主探究学习和归纳总结能力。

活动2　了解农村电商人员配备和岗位职责

活动背景

龙海燕团队经过学校指导老师的活动引导后，基本掌握了农村电子商务的基础理论知识。为了满足企业用工需求，为今后回乡自主创业做好准备，他们还需要对农村电子商务的岗位有更加深入的了解，因此开启了岗位认知。

📖 知识窗

岗位工作职责分析

农村电商人才主要分为店长、运营推广、美工设计、客户服务和物流仓储五类，如图1.3.2所示。

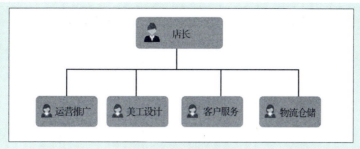

图1.3.2　农村电商人才架构

（1）店长。店长负责店铺整体运营策略计划并顺利执行，完成制订的相关销售目标；对店铺营销活动的策划和管理全权负责，针对大促、节假日、店庆等整店促销活动进行策划与实施；定期与相关人员保持密切联系及良好关系，沟通并解决问题，为店铺争取各类有益资源；全面利用个人较好的数据分析能力，对店铺的流量、销量、成交转化率、会员分析等作出专业的数据分析，对竞争对手网站的数据采集、评估与分析，形成完整详细的数据分析报告；全面负责店铺产品转化率和会员营销，定期进行数据研究和分析统计。

（2）运营推广。运营推广负责公司开拓网络营销资源和渠道，提升网站企业店铺整体流量和知名度；策划、执行在线推广活动，收集推广反馈数据，不断改进推广效果；运用多种网络推广手段来提高公司品牌的知名度，以达到咨询量增加的效果；负责公司网站的推广（利用SEO或SEM渠道进行推广），在各大论坛、博客、书签目录网站做外链；关键词排名规律，并能利用关键词排名提升公司网站的网络搜索权重；利用合理途径提升网站流量、访问量及转化率等指标；参与相关部门其他的推广活动，完成领导交予的其他方面的工作。

（3）美工设计。美工设计负责公司电商各个渠道的整体形象设计、商品展示设计、详情页优化、整体布局、活动推广等；负责品牌整体形象的创意设计，把握店铺的整体风格和视觉呈现，全面提升网站的整体视觉效果；负责对产品拍摄及方案策划、对品牌的创意策略和创意构思进行提案工作，配合公司整体的营销策略以达到预期的市场效果；为美术、文字、动画等创意作品的创意概念发起、指导、执行的整体过程负责，出品把控；做好部门之间的协调工作，根据各部门任职要求，设计及制作相应的资料。

（4）客户服务。客户服务负责网店日常销售工作，为顾客导购，问题解答；负责解答客户咨询，促使买卖的成交；接单、打单、查单等处理订单及顾客的售后服务；网店销售数据和资料整理；与客户在线交流了解客户需求，妥善处理客户投诉，保证客户满意；日常促销活动维护、平台网站（淘宝等）页面维护。

（5）物流仓储。物流仓储负责仓储物流部的管理工作，协调仓储物流部和内外部接口的关系，制订和执行仓储物流工作计划，完善仓库、物流、物料等管理各项作业规范及流程，提高内部运作效率，有效降低仓储物流总成本，参与制订与控制部门仓储物流运作预算等。

活动实施

☐ **做一做**　了解农村电子商务人才的需求情况。

步骤1：通过互联网App，寻找农村电子商务的招聘需求及任职要求，挑选有代表性的一个招聘岗位填在表中。

地　区	需求岗位	需求数量	岗位职责	任职要求

总结

(1) 你认为应聘上述岗位应具备什么能力?

(2) 你最擅长的是上述岗位的哪一项工作?

(3) 你认为目前还需要提高哪些方面的能力来满足市场的需求?

步骤2: 分析小组内成员搜索到的不同岗位的任职需求,将所有岗位的任职要求进行综合分析。

步骤3: 归纳5条从事农村电商的必备能力,填入下表中。

序　号	从事农村电商所需掌握的知识	从事农村电商所需掌握的技能
1		
2		
3		
4		
5		

活动小结

　　龙海燕团队通过搜集农村电商岗位的工作职责要求,分析从事农村电商所需掌握的知识、技能,并且在自我评估中找出学生本人目前与市场需求的差异,树立宏大的学习目标,激发学生的学习动力。这次活动团队成员勇于表达自己,培养他们职业归属感与职业责任感,提高学生沟通与合作的能力。

项目检测

1.判断题

（1）2022年中央一号文件提出要"大力推进数字乡村建设"。　　　　　　　　（　　）

（2）B2B模式优点是为中小型农产品批发或零售商提供便利，节省其采购和运输成本。

（　　）

（3）O2O模式：线上线下相融合的电子商务模式（Online to Offline），即将线下商务的机会与互联网结合在一起，让互联网成为线下交易的前台。　　　　　　　　（　　）

2.单选题

（1）农村电商的快速发展期产生于（　　　　）。

　　　A.1998年　　　　　　B.2003年　　　　　　C.2015年　　　　　　D.2019年

（2）截至2022年，农村电子商务连续（　　　　）年写入中央一号文件。

　　　A.6　　　　　　　　B.7　　　　　　　　C.8　　　　　　　　D.9

（3）农村电商B2C模式典型的平台不包括（　　　　）。

　　　A.天猫　　　　　　B.惠农网　　　　　　C.京东　　　　　　D.中粮我买网

（4）在农村电商的岗位中，负责公司开拓网络营销资源和渠道的是什么岗位？（　　　　）

　　　A.运营推广岗位　　B.美工设计岗位　　C.物流仓储岗位　　D.客户服务岗位

3.多选题

（1）发展农村电商需要哪些岗位？（　　　　　　）

　　　A.运营推广岗位　　B.美工设计岗位　　C.物流仓储岗位　　D.客户服务岗位

（2）农村电商需要哪些人才？（　　　　　　）

　　　A.农村电商运营操作人才　　　　　　B.农村电商战略管理人才

　　　C.农村电商技术人才　　　　　　　　D.农村电商创业型人才

（3）农村电商包含哪些模式？（　　　　　　）

　　　A. B2B　　　　　　B. B2C　　　　　　C. C2F　　　　　　D. M2B

4.简述题

（1）简述农村电商的定义。

（2）简述农村电商创业型人才的要求。

项目 2
打造农村电子商务品牌

项目综述

通过学习党的二十大报告精神，同学们深刻认识到中国农产品电商必须走高质量发展之路，即向数字农产品电商发展，为乡村振兴注入新动能。

龙海燕团队在淘宝平台销售猕猴桃时遇到了一个大难题：家乡的猕猴桃知名度不高，价格定低了，消费者可能觉得便宜没好货；价格定高了，消费者可能嫌贵不买。

在宋老师的指导下，团队成员知道了品牌与形象对农产品的销售的重要性。农产品品牌不仅包括农产品本身视觉所看到的外在表现、农产品的包装，还包括农产品培养方式是否绿色健康、定价是否合理、网店形象是否正能量等。

接下来，让我们走进项目2，一起来打造农产品品牌吧！

项目目标

通过本项目的学习，应达到的具体目标如下：

素质目标

◇培养学生长远的人生发展观；
◇培养学生的工匠精神；
◇培养学生自主探究学习的精神和信息处理能力；
◇培养学生的团队意识和沟通合作能力。

知识目标

◇掌握农产品定位与品牌策划流程；
◇熟悉农产品卖点策划的方法；
◇熟悉农产品定价策划的方法；
◇了解农产品视觉识别系统策划的方法。

能力目标

◇学会对农产品进行正确定位；
◇挖掘打造农产品的卖点；
◇能够保鲜保质地对农产品进行包装；
◇创建农产品品牌。

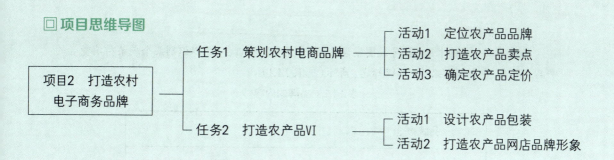

□项目思维导图

项目2　打造农村电子商务品牌
- 任务1　策划农村电商品牌
  - 活动1　定位农产品品牌
  - 活动2　打造农产品卖点
  - 活动3　确定农产品定价
- 任务2　打造农产品VI
  - 活动1　设计农产品包装
  - 活动2　打造农产品网店品牌形象

》》》》》任务1
策划农村电商品牌

情境设计

随着农村电商的深入发展，如何在农村电商中占有一席之地？品牌是制胜的法宝。宋老师告诉龙海燕团队，打造农村电商品牌，先要对品牌有所了解，做好农产品定位、卖点打造、定价策略、包装设计、网店形象设计。下面一起来看看龙海燕和她的同学们如何打造农村电商品牌。

任务分解

为了策划农村电商品牌，龙海燕及成员需要从地理标志、区域特色产品等做起。打造农村电商品牌，概括起来就是5件事：品牌设计、卖点打造、定价策划、包装设计、网店设计。

活动1　定位农产品品牌

活动背景

农产品品牌定位是农产品的品牌在市场上所占据的位置，是品牌营销的重要组成部分，对提升农产品市场形象和提高农产品市场竞争力具有重要意义。正确进行农产品品牌定位可以取得目标市场的竞争优势，确定企业及其农产品在消费者心目中的适当位置，并给消费者留下值得购买的印象。龙海燕团队在宋老师的指导下，对农产品品牌进行分析与策划。我们一起来学习如何定位农产品品牌。

🗐 **知识窗**

1.农产品品牌

品牌是一个名称术语、符号或图案设计，或者是它们的组合，用以识别某个或某群消费者的产品或服务，包括品牌名称、品牌标志、商标（见表2.1.1）。

表2.1.1　品牌的内容

品牌概念	区　别
品牌名称	可以发声的
品牌标志	不可以发声的
商标	注册商标受法律保护

注：品牌名称结合当地文化内涵、产品特色，赋予品牌故事，有利于品牌记忆和宣传。

农产品品牌是指农产品经营者根据市场需求与当地资源特征给自己的产品设计一个富有个性化的品牌，并取得商标权，使品牌在经营过程中不断得到消费者的认可，从而树立品牌形象。

2.农产品品牌定位

（1）农产品品牌定位的含义

农产品品牌定位是对农产品所施行的品牌定位行为，指经营者根据现有农产品在市场上所处的位置，强有力地塑造自身产品与众不同的鲜明的个性或形象，并把这种形象生动地传递给消费者，从而确定该产品在市场中的适当位置。

（2）农产品品牌定位的步骤

步骤1：明确企业潜在的竞争优势。

通过营销调研，了解目标消费者对农产品的需求及其被满足程度，了解竞争对手的农产品定位情况，分析消费者对农产品的期望。

步骤2：选择农产品的相对竞争优势。

从经营管理、技术开发、采购供应、营销能力、资本财务、产品属性等方面与竞争对手进行比较，准确地评价农产品的实力，找出相对竞争优势。

步骤3：显示独特的竞争优势。

首先，使目标消费者了解、认同、喜欢和偏爱农产品的品牌定位。

其次，通过一切努力稳定和强化目标消费者的态度，以巩固品牌定位。

最后，密切关注目标消费者对品牌定位理解的偏差，及时矫正与品牌定位不一致的形象。

（3）农产品品牌定位的方法

农产品品牌定位主要抓住一个关键词，这个关键词是能够代表农产品形象的、客户最能认同的，也是有别于竞争品牌的差异化定位。关键词可以从以下几个角度进行提炼："自然属性""绿色健康""文化传承""情感故事""个性需求"。

3.农产品品牌管理要求（见表2.1.2）

表2.1.2　农产品品牌管理要求

农产品品牌管理	具体要求
建立产品标准	对产品标准化,根据产品大小、重量、质量等标准进行筛选
打造核心产品	打造主打品牌,不断开拓新产品,引入产品深加工
提升产品附加值	针对产品深挖产品的附加价值,从健康、生态、养生,投入细分市场
合作借力生产	与优生资源、雄厚资金、知名平台等合作或借力

4.农产品品牌宣传

农产品品牌宣传达到的效果是：让顾客产生需求时第一时间就能想到、感知到,并且能够触及该品牌（见表2.1.3）

表2.1.3　农产品品牌宣传

农产品品牌宣传	宣传方式
想到你	品牌名称+广告语
感知你	看见（广告、产品等）、听见（口碑等）
触及你	媒介（微信、微博、网站等）、实体店等

活动实施

什么是品牌? 如何进行品牌策划? 策划一个品牌需要注意什么? 如何进行品牌定位、品牌管理、品牌宣传? 结合当地特色农产品的特点,试着为当地特色农产品策划一个品牌。

🔲 **做一做**　了解具有地理标志、区域特色农产品的品牌,并策划当地特色农产品品牌。

步骤1：查找具有地理标志、区域特色产品的品牌（如阳澄湖大闸蟹、遂昌长粽）的情况,并填写下表。

品牌名称	特色产品所在区域	品牌定位	品牌特点

步骤2：查找并分析当地的地理标志、区域特色农产品，并填写下表。

特色产品名称	农产品所在区域	知名度影响范围	最长保质期限	网上销售的要求

步骤3：请你为当地一款特色农产品策划品牌，并填写下表。

品牌策划项目	品牌策划具体内容
产品名称	
品牌名称	
品牌标志	
品牌标准	
品牌定位	
品牌宣传语	
品牌宣传媒介	

活动小结

通过理论学习和网络实践，让团队成员掌握农产品定位与品牌策划流程，完成品牌策划项目任务，同时培养团队合作的意识，强化学生的团队意识和沟通合作能力，提高学习的积极性和主动性。

活动2　打造农产品卖点

活动背景

如何把猕猴桃销售出去呢？龙海燕团队成员讨论了很久，龙海燕同学说打广告，石坤同学说低价格,在宋老师的指导下,团队成员明白想要成功将农产品销售出去,必须了解这个农产品能给顾客带来什么好处,这个好处就是该农产品的卖点。接下来一起学习如何为本地猕猴桃打造卖点。

📋 知识窗

1.FABE营销法则

FABE销售法则:通过4个关键环节,解答消费者诉求,极为巧妙地处理顾客关心的问题,从而可顺利实现产品的销售诉求(见表2.1.4)。

表2.1.4　FABE销售法则内容

FABE销售法则	具体内容
F(Features)特征	本项产品的特质、特性等方面的功能
A(Advantages)优势	列出这个产品独特的地方可以直接或间接去阐述。
B(Benefits)价值	能给消费者带来什么好处。这个实际上是右脑销售法则特别强调的,用众多的形象词语来帮助消费者虚拟体验这个产品。
E(Evidence)佐证	通过现场演示、相关证明文件、品牌效应来印证一系列介绍。所有材料应该具有足够的客观性、权威性、可靠性、可证实性。

根据FABE销售法则,龙海燕、龙志平、石坤同学对当地猕猴桃进行了销售分析(见表2.1.5)

表2.1.5　花垣县猕猴桃销售分析

商　品	商品特质、特性	商品优势	给消费者带来的好处	佐　证
花垣县猕猴桃	当地绿色特色农产品,营养价值高	绿色、环保、健康	营养丰富,养生健康	政府机构检验报告
	专业种植、当地采摘处理	新鲜采摘	味道新鲜,口感水润	打贴采摘日期
	产量充足、品质优良	严格筛选,保质保量	优质优价	明确坏果赔付条款
	包装、运输条件成熟	运输便利	快速便捷	当天17:00前订单当天发货,17:00后隔天上午发货

2.USP商品卖点提炼法

USP是Unique Selling Proposition strategy的缩写,即独特的销售主张,或称独特卖点。基本要点:每一个卖点必须向消费者说明一个主张,必须让消费者明白,购买了产品可以获得什么样的具体利益。

通过USP商品卖点提炼法，龙海燕、龙志平、石坤同学为当地猕猴桃提炼出的卖点有绿色环保、新鲜可口、保质保量、快速便捷等。

3.打造农产品卖点

通过USP商品卖点提炼法提炼的卖点很多，但如果所有卖点都一一宣传，不分轻重主次，则会让顾客心中产生顾虑，觉得过于夸大，不知真假。所以在打造农产品时，需树立核心卖点。通过核心卖点让消费者轻松记住该产品，认同该品牌。

经过研讨分析，龙海燕、龙志平、石坤同学为当地猕猴桃打造"家门口的猕猴桃"这一核心卖点。这一卖点宣传的是该猕猴桃就像是顾客自家精心种植的，新鲜采摘下来就立即可以吃。

活动实施

☐ **做一做** 请你在活动1中的农产品品牌中选一款特色农产品，并为此特色农产品打造卖点。

步骤1：运用FABE营销法则对所选特色农产品进行销售分析（可参照知识窗中对猕猴桃的销售分析），并填写下表。

农产品	农产品特质、特性	农产品优势	给消费者带来的好处	佐 证

步骤2：运用USP商品卖点提炼法对所选特色农产品进行卖点提炼（可参照知识窗中对猕猴桃的卖点提炼），并填写下表。

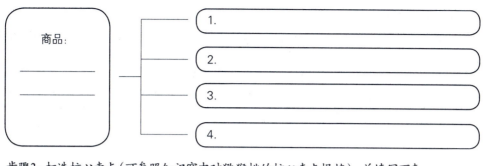

步骤3：打造核心卖点（可参照知识窗中对猕猴桃的核心卖点提炼），并填写下表。

活动小结

通过学习3种不同的营销方法，团队成员运用FABE营销法则对猕猴桃的功能、优势、好处、佐证进行分析，并结合商品卖点提炼法（USP）提取猕猴桃的卖点。最后打造成消费者认可的、印象深刻的核心卖点，提高品牌知名度与宣传力，培养团队成员交流与合作的意识，强化沟通分享的能力，培养工匠精神。

活动3 确定农产品定价

活动背景

如何对农产品进行定价呢？龙海燕同学认为家乡的猕猴桃品质突出，可以高价进入市场，打造成高端商品；龙志平同学则认为猕猴桃为大众化农产品，价格应该走亲民路线，以低价渗透进入市场；石坤同学认为应该根据市场行情，其他卖家卖多少钱就跟其他卖家定一样的价钱。那到底该如何来定价呢？我们一起来看看农产品如何定价吧！

📖 知识窗

农产品定价有两类，第一类是政府定价，农产品生产经营者对所出售的农产品价格没有决策权，如粮、棉、油等国家统购统销价格。另一类是市场定价，农产品生产经营者定价，依据农产品质量、市场供求状况等因素决定其价格。我们现在来学习一下市场定价的几种常见方法。

方法一：根据生命周期制订价格。

根据商品所处的生命周期，可分为新产品的定价策略和其他生命周期产品的定价策略。

1.新产品定价策略

新产品进入市场的定价策略一般有撇脂定价策略、渗透定价策略、满意定价策略（请见表2.1.6）。

表2.1.6　新产品定价策略

定价策略	具体内容	适用条件	优缺点
撇脂定价策略	所谓撇脂定价，是指在产品生命周期的最初阶段，将产品的价格定得很高，以攫取最大利润。	①市场有足够的购买者，他们的需求缺乏弹性，即使把价格定得很高，市场需求也不会大量减少。 ②高价使需求减少，但不能抵消高价所带来的利益。 ③在高价情况下，仍然独家经营，别无竞争者。高价使人们产生这种产品是高档产品的印象。	优点： 由于价格较高，不仅能尽快地把开发新产品的费用全部收回，并取得相当的利润，而且可以在竞争者研制出相似产品以后迅速采取降价策略。这样一方面可以限制竞争者的加入，另一方面也符合消费者对待价格由高到低的心理。 缺点： 由于价格大大高于价值利润率，必然会迅速招来竞争对手，导致原有市场的丧失。
渗透定价策略	所谓渗透定价，是指企业把其新产品的价格定得相对较低，以吸引大量顾客，提高市场占有率。	①市场需求对价格极为敏感，低价会刺激市场需求迅速增长。 ②企业的生产成本和经营费用会随着生产经营经验的增加而下降。 ③低价不会引起实际和潜在的竞争。	优点： ①新产品能迅速占领市场。 ②微利阻止了竞争者进入，可增强了企业的市场竞争能力。 缺点： ①利润微薄。 ②降低企业优质产品的形象。
满意定价策略	满意定价策略是一种介于撇脂定价策略和渗透定价策略之间的价格策略。其所定的价格比撇脂价格低，而比渗透价格要高，是一种中间价格。	适用产销稳定的大多数农品。	优点： ①较快为市场接受，不容易引起竞争对手的关注； ②适当延长产品生命周期； ③有利于企业树立信誉。 缺点： ①缺乏主动进攻性； ②执行较难。

2.其他生命周期产品的定价策略

其他生命周期产品的定价策略可以采用折扣定价策略、组合定价策略、尾数定价策略、整数定价策略、差别定价策略等（见表2.1.7）。

表2.1.7　其他生命周期产品定价策略

定价策略	具体内容
折扣定价策略	折扣定价策略是指企业为了鼓励顾客及早付清货款、大量购买、淡季购买等，可以酌情降低产品的价格，这种价格调整即为折扣定价策略。 影响折扣定价策略的主要因素有竞争对手的实力，折扣的成本，市场总体价格水平下降等。 具体办法有现金折扣、数量折扣、功能折扣、季节性折扣、促销折扣等。
组合定价策略	对相互关联、相互补充的产品，采取不同的定价策略，以迎合消费者的某些心理，属于心理定价策略之一。对于一些既可单独购买，又可成套购买的商品，实行成套优惠价格，称组合定价。 其中包括系列产品定价策略、互补产品定价策略和成套产品定价策略。
尾数定价策略	尾数定价策略是指在确定零售价格时，利用消费者求廉的心理，制定非整数价格，以零头数结尾，使用户在心理上有一种占便宜的感觉，或者是价格尾数取吉利数，从而激起消费者的购买欲望，促进商品销售。 标价9.9元的商品和10元的商品，虽仅相差0.1元，但前者给购买者的感觉是还不到10元，因此前者给消费者一种价格偏低，商品便宜的感觉，使之易于接受。 另外，我国消费者普遍喜欢尾数为6和8的价格，认为这样的数字比较吉利，定价68元，销售效果就会比定价70元更好。 这种定价策略比较适合以中低收入群体为目标顾客的产品。
整数定价策略	整数定价与尾数定价相反，即按整数而非尾数定价。是指企业把原本应该定价为零数的商品价格改定为高于这个零数价格的整数，一般以"0"作为尾数。这种舍零凑整的策略实质上是利用了消费者按质论价的心理、自尊心理与炫耀心理。 一般来说，整数定价策略适用于高档、名牌产品或者是消费者不太了解的产品。
差别定价策略	差别定价策略是指对同一产品针对不同的顾客、不同的市场制定不同的价格的策略。 种类主要有：以顾客为基础的差别定价策略、以产品为基础的差别定价策略、以产品部位为基础的差别定价策略和以销售时间为基础的差别定价策略。 例如：白菜在新鲜到货早市时间售价与晚市时间售价不同，差别定价。

方法二：根据网络销售目标制定价格。

根据不同的网络销售目标，可将网店中的商品分为"引流款"（低价位）、"利润款"（中价位）、"旗舰款"（高价位）。

1. "引流款"定价策略

（1）什么是"引流款"产品？

所谓"引流款"，是指能够给店铺和店铺产品带来流量的产品。引流款的价格会相对较低，属于走量的产品，一般结合关联营销，带动店铺其他产品（可以是利润款产品或组合产品）的销售。同时其获利也较少，一般利润预期为0%~1%。这部分产品数量一般不超过全店商品数量的20%，一则保证店铺盈利，二则不降低店铺的品牌档次。

(2) 如何选定"引流款"产品?

引流款产品，一定是其目标人群能接受的，而且产品的转化率不能低，最好是价格优势和卖点优势都兼顾的。要想选择精准的引流款，就要先做好数据的测试，优先选择转化高、地域限制少的产品，然后持续跟踪数据，稳定后推广力度可以再逐步提高。

(3) 怎么给"引流款"产品定价?

对于引流款产品定价，可以采用平均法。即同一网络平台搜索同款产品，并按销售量进行排序，取前20名产品的价格求平均值。在这个平均价基础上，再根据网店的利润上调10%或下调10%。

2."利润款"定价策略

(1) 什么是"利润款"产品?

所谓"利润款"是指此产品能为店铺带来利润的产品。此类产品一般定价稍高，以保证店铺的销售额，一般占店铺商品数量的70%。

(2) 如何选定"利润款"产品?

选定利润款产品，首先必须明确目标市场，锁定产品的目标人群，深度分析他们的喜好特点，比如追求个性；然后有针对性地分析产品的款式、卖点、设计风格、价格区间等这些因素对他们的影响，在综合考究下定出最优质的利润款。

(3) 怎么给"利润款"产品定价?

对于利润款产品，可以根据黄金分割定价法计算价格。其计算公式是：最优价格=(同款商品最高单价－同款商品最低单价)×0.618+同款商品最低单价。

例如，一款优质品种草莓目标市场最高单价为160元，最低单价为100元，则根据黄金分割定价法计算其最优价格=(160-100)元×0.618+100元=137.08元。

3."旗舰款"定价策略

(1) 什么是"旗舰款"产品?

所谓"旗舰款"是指在营销过程中代表品牌或店铺的最高级别的品牌形象的产品。此类产品定价高，为店铺的品牌形象，一般占店铺商品数量的10%。

(2) 如何选定"旗舰款"产品?

"旗舰款"产品必须是招牌产品，此类产品在同一类产品或同一品牌里属于高级的产品。

(3) 怎么给"旗舰款"产品定价?

旗舰款是品牌形象，不能过于廉价，最好也不降价，一般利润预期为40%~50%。例如，店铺中的一款特供草莓要打造成为旗舰款，成本单价为260元，其售价可为364~390元，而且后期一般不会再打折。

活动实施

☐ **做一做** 计算某款农产品的定价。

1.农产品定价基础实训

(1) 登录京东网站，从京东首页导航条进入"京东生鲜"网页(见图2.1.1)，并完成以下实训。

图2.1.1　京东生鲜

步骤1：在"京东生鲜"网页中查找一款"热销水果"，按照销量从高到低排，销量前十名的是哪些店家？填入下表。

销量排名	商品名称	月销售量
1		
2		
3		
4		
5		
6		
7		
8		
9		
10		

步骤2：计算该款热销水果销量前十名产品的单价和平均单价。

销量排名	店铺名称	单　价
1		
2		

续表

销量排名	店铺名称	单 价
3		
4		
5		
6		
7		
8		
9		
10		
平均单价		

步骤3：采用满意定价策略，该款热销水果的单价可以是：＿＿＿＿＿＿＿＿＿＿＿＿。

（2）依照上面的操作步骤计算一款时令水果的单价。

步骤1：在"京东生鲜"网页中查找一款"时令水果"，按照"综合"从高到低排，销量前十名的是哪些店家？填入下表。

销量排名	水 果	店 家
1		
2		
3		
4		
5		
6		

续表

销量排名	水　果	店　家
7		
8		
9		
10		

步骤2：计算该款时令水果销量前十名产品的单价和平均单价，填写下表。

综合排名	店铺名称	单　价
1		
2		
3		
4		
5		
6		
7		
8		
9		
10		
平均单价		

步骤3：采用满意定价策略，该款时令水果的单价可以是：_____。

（3）拓展：进入淘宝App（手机版）→"淘鲜达"页面（见图2.1.2），也可查找农产品的价格。

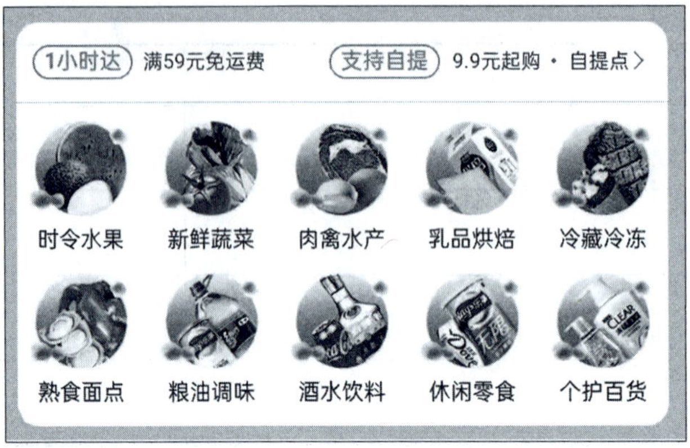
1小时达 满59元免运费
支持自提 9.9元起购 · 自提点 >
时令水果
新鲜蔬菜
肉禽水产
乳品烘焙
冷藏冷冻
熟食面点
粮油调味
酒水饮料
休闲零食
个护百货

图2.1.2 淘鲜达

操作要求：请查找5款当时农产品的价格，填写下表。

序号	农产品名称	价格/元
1		
2		
3		
4		
5		

2.根据生命周期制定农产品定价实训

登录知名农产品网站（如京东生鲜网、淘宝网—生鲜类别、淘鲜达等）了解如何运用定价策略。请根据第1个例子填写下表。

序　号	网站名称	定价宣传图片	所用定价策略
1	京东生鲜网	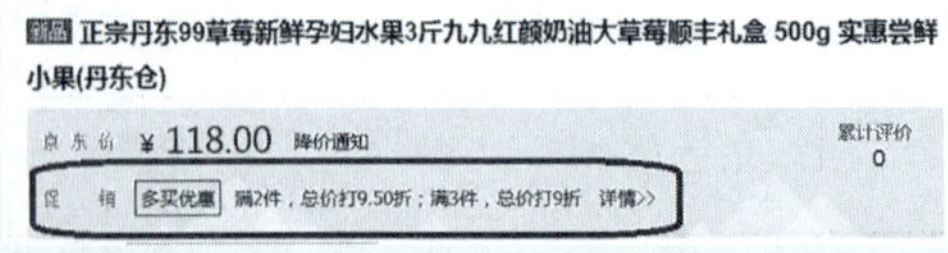正宗丹东99草莓新鲜孕妇水果3斤九九红颜奶油大草莓顺丰礼盒 500g 实惠尝鲜小果(丹东仓) 京东价 ¥ 118.00 降价通知 累计评价 0 促销 多买优惠 满2件，总价打9.50折；满3件，总价打9折 详情>>	折扣定价策略
2			

续表

序　号	网站名称	定价宣传图片	所用定价策略
3			
4			
5			

3.根据网络销售目标制订农产品价格

登录知名农产品网站（如京东生鲜网、淘宝网—生鲜类别、淘鲜达等），查找当季热销商品如何合理安排不同销售目标的商品并制定适合的价格。

（1）实例：进入某一家热销店铺，了解其如何根据网络销售目标制定农产品价格（见表2.1.8）。

表2.1.8　店铺根据网络销售目标制定农产品价格

网络销售目标	商品1	商品2	突出特点
引流款	 第2件9.8元 黄心猕猴桃12个大果 单个70-100克 ￥19.8	 第2件9.8元 湖南冰糖橙 5斤 特大果 ￥19.8	价格较低，一般走量，以引入流量为主
利润款	 ￥39.80 已有2000+人评价 新疆阿克苏冰糖心苹果 8斤 单果约75-80mm 脆甜红富士丑苹果新鲜水果 8斤	 ￥49.80 已有1万+人评价 黄心猕猴桃 20个大果 礼盒装 单果约90-110克鲜稱 黄金果奇异果 新鲜水果 猕猴桃	定价稍高，保证店铺销售额
旗舰款	 ￥138.00 已有500+人评价 顺丰速运 智利进口车厘子樱桃 大果美早大樱桃车厘子 新鲜水果 2斤 /爬 单果约26-	 ￥89.80 已有2000+人评价 顺丰速运 新西兰阳光金果 黄金奇异果 新鲜水果 黄心猕猴桃 10个100-110g（属二	定价高，为店铺的品牌形象

（2）请根据上面的实例独立完成以下实训内容，并填写下表。

网络销售目标	商品1	商品2	突出特点
引流款			价格较低，一般走量，以引入流量为主。
利润款			定价稍高，保证店铺销售额。
旗舰款			定价高，为店铺的品牌形象。

活动小结

团队成员通过学习5种不同的定价策略，并且根据生命周期、网络销售目标选择合适的定价策略，能更好地宣传推广商品或品牌，提高品牌知名度或商品销售量，培养团队交流与合作的意识，培养团队成员的灵活性与适应性，培养团队成员主动学习能力和创新能力，强化沟通分享的能力，培养工匠精神。

任务2
打造农产品VI

情境设计

龙海燕同学经朋友推荐在网上购买了一箱2.5千克的软籽石榴，期待过几天就能吃到又大又鲜的石榴。可是事情并没像她想象的那么美好，普通的外包装，上面没有品牌标志，也没有产地和产品等信息。打开外包装，里面的石榴只有简单的网状包装，无任何防撞保护包装,石榴在运输途中因缺乏有效保护而发黑、变质。好的包装不仅能保证在运输过程中不会破损,能够识别不同品牌,吸引消费者关注。那该如何打造良好的农产品VI呢? 请跟着龙海燕同学的团队一起来学习吧。

任务分解

为了成功打造农产品VI,团队成员在学校老师的引导下需要先了解什么是农产品VI,以及农产品VI包括哪些方面的内容。概括起来就是两件事: 设计农产品包装; 打造农产品网店品牌形象。

活动1 设计农产品包装

活动背景

龙海燕同学从自己网购软籽石榴的经历中总结经验,团队成员对猕猴桃包装设计进行一次激烈的分析讨论,测试与选定销售包装和运输包装的材料,并在销售包装和运输包装上加上他们精美的包装设计。接下来一起来完成农产品的包装设计吧!

📖 知识窗

1.农产品包装设计的概述

农产品包装设计即在品牌定位的基础上,根据目标消费群的消费心理及消费行为模式等相关要素,有针对性地选用合适的包装材料,运用巧妙的工艺制作手段,为农产品进行结构造型和包装的美化装饰设计,目的是提高产品销量与品牌的推广。

农产品包装设计应遵循科学性、经济性、可靠性、美观性等原则(见表2.2.1)。

表2.2.1 农产品包装设计原则

农产品包装设计原则	具体要求
科学性原则	科学的农产品包装设计应该是可以明显地提升产品的销量,充分地考虑产品运输、携带、使用的便捷性和适用性,同时要注意成本的预算和管控。
经济性原则	农产品包装设计应考虑其本身的经济性。针对农产品的特性、品质和档次后,综合考虑设计、制作及广告宣传等因素进行制作,力求达到成本最低。农产品包装材料的成本不仅和其市场采购成本有关,而且和加工成本及流通成本有关。因此,在进行包装设计的选材时,应综合考虑各种因素而选择最合适的材料。
可靠性原则	农产品的包装设计要便于运输以及保管,同时要便于携带、陈列及用户对产品的使用。产品种类千千万,其包装的体积、容量、形式都是多种多样的。我们要根据产品的特性选择最适合的形状,根据产品特性进行包装,封口严密,而且还要确保消费者使用时易于打开。
美观性原则	农产品包装设计应考虑设计的包装是否能够使产品被畅销,这就是美观性原则,实际就是将艺术性和包装外表相结合。

进入市场销售的食用农产品在包装、保鲜、贮存、运输中使用包装材料等食品相关产品和保鲜剂、防腐剂等食品添加剂，应当符合食品安全国家标准。

2.农产品包装设计的实施步骤

步骤1：测试与选定农产品包装材料。

农产品对产品的包装材料要求较高，特别是保质期短、易腐烂、不耐碰撞、对湿度和温度都要求较高的产品，对包装材料的选定更应该科学合理地规划选定。农产品投入市场前须对包装材料进行多次测试，从而选定更合适的包装材料。

步骤2：农产品销售包装设计。

步骤3：农产品运输包装设计。

3.农产品运输包装的基本要求

农产品运输包装材料选定须满足以下4点要求（见表2.2.2）。

表2.2.2　农产品运输包装材料要求

序　号	要　求
1	保护商品在运输过程中完好无损。根据产品的物理特性和化学特性选择适当的包装材料和方法，保证在运输中不损坏、不变质、不渗漏。
2	便于搬运，充分利用空间。 运输包装上的尺寸、重量、标志、形式等应符合国际与国家行业标准，便于工作人员识别如何进行搬运及转运，使产品能安全准确地运达目的地。
3	采用体积小、质量轻的包装材料，降低包装成本，注重包装质量，节约运费。
4	利于识别包装内的货物，以吸引消费者。

农产品运输包装材料主要有多层瓦楞纸箱、热收缩膜包装、真空包装、防震袋包裹、泡沫箱等。生鲜食品对包装的要求特别高，在配送过程中一般需要低温或者冷冻处理（见表2.2.3）。

表2.2.3　农产品运输包装材料

产品运输包装材料	特　点	图　例
纸箱	适用于大多数物品运输，防撞，价格实惠，可根据产品规格定制，使用方便。	
珍珠棉板	具有保温、防潮、隔音、防摩擦、抗老化、耐腐蚀等功能。	

续表

产品运输包装材料	特　点	图　例
气泡膜	防水、防雨、防潮、防淋、防溅、防震、抗冲击强。可根据产品大小、形状进行个性化裁剪。	
珍珠膜信封	防水防潮,保护性较好,省时快捷,环保。	
气柱袋	空气缓冲、绿色环保,适合于柱形农产品(如水果或一些罐装农产品等)的快速包装。	

　　农产品销售包装材料主要有纸箱、布袋、易拉罐、PVC盒子、陶瓷、玻璃、天然木材等。

　　农产品销售包装的功能主要是美化和宣传农产品,便于陈列,有利于消费者选购、携带和使用,提高农产品价值。

　　农产品销售包装的基本要求如下:

　　(1)包装造型美观大方,避免与竞争者同类产品的包装雷同。

　　(2)应与农产品的价值或质量水平相配合。可根据农产品品位、单位产品的价值及消费者的购买要求确定包装的档次。

　　(3)要显示出农产品的特点和独特风格,最好能够直接向消费者展示,如选择透明的包装材料、开天窗式包装或在包装上印彩色图片等。

　　(4)包装的造型和结构应考虑使用、保管和携带方便。

　　农产品运输包装的主要功能是保护农产品在流通中安全、快速、高效地到达消费者手中。农产品运输包装设计的内容包括商标或品牌的标记、包装图案、包装材料、产品标签(产地、商品名称、成分、品质、数量、使用方法、用量、生产日期、有效期)、包装标志(包装外部印制的图形、文字和数字)等。

活动实施

　　龙海燕同学跟团队一起走访当地水果店,了解和收集有关水果的包装资料。经过分析比较,他们购买了几款适合猕猴桃的销售包装和运输包装材料。接着,他们进行物流运输测试。经过多次测试,他们选到了合适的包装材料。最后,他们根据品牌定位和产品卖点设计销售包装和运输包装。

▢ **做一做** 请以3~5人为一组，为当地一款农产品选定包装材料，并进行包装设计。

步骤1：小组成立与分工。

要求：选定组长，组长带领组员商讨进行分工，分配具体任务。组长根据团队成员所负责的主要工作，将团队成员姓名填入下面表格。如果团队成员为3人，可以考虑将"运输包装材料选定员"和"运输包装设计员"工作分配给同一名成员，将"销售包装材料选定员"和"销售包装设计员"工作分配给同一名成员，将团队分工姓名填入下表。

角　色	团队成员姓名	主要工作
组长		
运输包装材料选定员		
销售包装材料选定员		
运输包装设计员		
销售包装设计员		

步骤2：选定运输包装材料。

请根据小组选定的运输包装材料，登录淘宝网，查找对应的包装材料，选择3家候选店家以供小组讨论确定购买，并填写下表。

序　号	主　图	店铺名称	选择的理由
店铺1			
店铺2			
店铺3			

步骤3：选定销售包装材料。

请根据小组选定的销售包装材料，登录淘宝网，查找对应的包装材料，选择3家候选店家以供小组讨论确定购买。

序　号	主　图	店铺名称	选择的理由
店铺1			
店铺2			
店铺3			

步骤4：运输包装设计。

根据选定的运输包装材料进行运输包装设计。可采用纸质绘制，也可采用软件设计。如果采用纸质绘制，先拍下照片，再将运输包装设计图电子版提交给老师。

步骤5：销售包装设计。

根据选定的销售包装材料进行销售包装设计。可采用纸质绘制，也可采用软件设计。如果采用纸质绘制，先拍下照片，再将销售包装设计图电子版提交给老师。

步骤6：分享学习，共同进步。

请将以上步骤完成情况、实训过程、经验总结制作成PPT，在下次课上分享给同学们。同时，也认真学习其他同学优秀的做法，学以致用，学有所成，互帮互助，共同进步。

活动小结

通过学习消费心理、消费行为模式，掌握包装材料的选择，为农产品进行结构造型和包装的美化装饰设计，提高产品销量与品牌的推广。此次任务培养团队交流与合作的意识，培养团队成员的灵活性与适应性，培养团队成员创造能力，强化沟通分享的能力，培养工匠精神。

活动2 打造农产品网店品牌形象

活动背景

网店首页、详情页等展示是企业的形象代言，这是消费者对企业品牌的第一印象。龙海燕认为如果一家网店商品分类陈列、查找所需商品方便、商品图片制作精美、详情页介绍详细齐全、评论区好评连连，消费者就会放心购物；相反，如果一家网店商品杂乱、商品图片陈旧、详情页仅有几行文字介绍，消费者就会认为这家店的产品不怎么样，肯定会放弃选择。

树立农产品网店品牌形象,给予消费者好的视觉印象至关重要。那如何才能让消费者记住企业品牌,认可我们的农产品呢? 一起来学习如何打造农产品网店形象。

🗐 知识窗

打造农产品网店品牌形象,我们必须了解在开设网店的网络平台中的网店装修模块。下面,我们带大家进入淘宝的网店装修模块(见图2.2.1)。首先,根据农产品品牌理念,搜索相应的网店模板;其次,根据农产品文化,选择适宜的网店模板;再次,根据农产品销售需求,选定功能对应的网店模板;最后,根据选定的农产品店铺模板功能,打造自家农产品网店品牌形象。

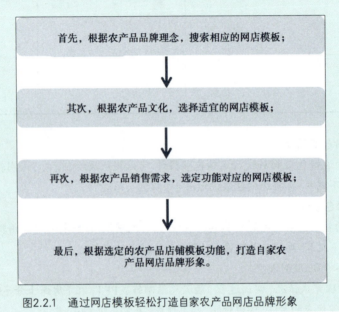

图2.2.1 通过网店模板轻松打造自家农产品网店品牌形象

活动实施

通过网店模板轻松打造自家农产品网店品牌形象,操作步骤如下:

步骤1:登录淘宝网,通过导航条"千牛卖家中心",进入"千牛卖家中心"(见图2.2.2)。

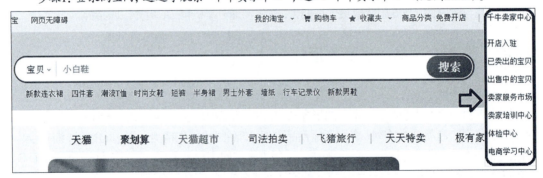

图2.2.2 千牛卖家中心

步骤2:通过"千牛卖家中心"首页左侧导航条中的"服务"进入千牛服务市场,接着在"服务市场"导航条中单击选择"装修设计"(见图2.2.3)。

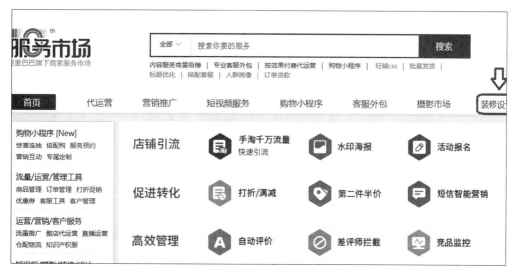

图2.2.3 千牛服务市场

步骤3：在"装修设计"页面上方导航条单击选择"装修模板"即可（见图2.2.4）。

图2.2.4 装修模板

步骤4："装修模板"页面上方导航条中有两种店铺模板，即"无线店铺模板"和"PC店铺模板"。点击"无线店铺模板"即可进入手机版店铺模板页面，选择手机店铺模板。而点击导航条中的"PC店铺模板"即可进入电脑网页店铺模板页面，选择PC店铺模板（见图2.2.5）。

图2.2.5 PC店铺模板

模板一：无线店铺模板

通过无线店铺模板轻松打造自家农产品手机版店铺品牌形象。操作步骤如下：

步骤1：根据农产品品牌理念，搜索相应的网店模板。

单击进入"无线店铺模板"，在无线店铺模板页面的搜索条中输入农产品品牌理念对应的关键词，单击"搜索"按钮即可。

例如，输入关键词："绿色水果"，单击"搜索"按钮即可搜索出以下无线店铺模板（见图2.2.6）。

图2.2.6 无线店铺模板

步骤2：根据农产品文化或卖点，选择适宜的店铺模板。

例如，选择"绿色生活，关爱健康"无线店铺模板（见图2.2.7）。

步骤3：根据农产品销售需求，设定功能对应的店铺模板。

例如，可以采用"绿色生活，关爱健康"无线店铺模板中的功能模块"新品上架""掌柜推荐""热卖宝贝""特价优惠"，也可以根据农产品销售需求，设定其他功能模块（见图2.2.8）。

图2.2.7 网店模板

图2.2.8 其他功能模板

步骤4：根据选定的农产品店铺模板功能，打造自家农产品网店品牌形象。

例如，进行"新品上架"，店铺模板将根据后台新品上架数据进行更新（见图2.2.9）。

图2.2.9　新品上架

模板二：PC店铺模板

通过PC店铺模板轻松打造自家农产品电脑网页店铺品牌形象。操作步骤如下：

步骤1：根据农产品品牌理念，搜索相应的店铺模板。

单击进入"PC店铺模板"，在电脑网页店铺模板页面的搜索条中输入农产品品牌理念对应的关键词，单击"搜索"按钮即可（见图2.2.10）。

图2.2.10　PC店铺模板

步骤2: 根据农产品文化或卖点, 选择适宜的店铺模板(见图2.2.11)。

图2.2.11 店铺模板

步骤3: 根据农产品销售需求, 设定功能对应的店铺分栏(见图2.2.12)。

步骤4: 根据选定的农产品网店模板功能, 打造自家农产品网店品牌形象(见图2.2.13)。

图2.2.12 栏目模板　　　　　　　　图2.2.13 农产品网店模板

☐ **做一做** 打造自家农产品网店品牌形象。

登录淘宝网, 根据以下操作步骤完成实操, 并将操作结果进行汇报。

步骤1: 根据农产品品牌理念, 搜索相应的商品, 并进入店铺首页。

如, 搜索框中输入"农家水果", 通过搜索到的商品, 选择进入该商品的详情页, 并单击"进入店铺", 进入首页(见图2.2.14)。

图2.2.14　网店商品宝贝详情页

进入店铺首页,将店铺结构布局画在下方。

<table>
<tr><td>顶部:</td></tr>
<tr><td>腰部:</td></tr>
<tr><td>尾部:</td></tr>
</table>

步骤2: 根据农产品文化,从搜索到的网店中选择适宜自家农产品的网店。将该网店的店铺首页进行对比、分析找出差异,填入下表。

相同之处	不同之处

步骤3: 根据农产品销售需求和上一步骤中所选的店铺首页, 制定自家农产品网店导航条的功能模块。

如图2.2.15所示, 下方导航条功能模块设有"生鲜禽蛋""加工蛋类""水果蔬菜""散养土鸡""干货特产"。

图2.2.15 农产品导航条功能

你的农产品网店导航条设有哪些功能模块?

答:

步骤4: 根据自家农产品店铺经营理念, 查找一张适合自家农产品网店品牌形象的宣传图。

如图2.2.16所示, 店铺以"新鲜禽蛋 正宗农家散养""专注生态 专注健康 自然孕育"突出"农家特色", 彰显品牌形象。

图2.2.16 农产品网店品牌形象宣传图

将你查找到的适合自家农产品网店品牌形象的宣传语写入下表。

店铺形象	宣传语1	宣传语2

活动小结

通过农产品店铺品牌形象的打造,龙海燕团队掌握了店铺装修模块的应用,了解了农产品视觉识别系统策划的方法,提高了团队的动手能力,加深了对店铺装修业务流程的了解。此活动培养了团队成员的设计意识与创意能力,提升了视觉审美能力,培养了工匠精神。

项目检测

1.判断题

(1)品牌名称结合当地文化内涵、产品特色,赋予品牌故事,有利于品牌记忆和宣传。

(　　)

(2)USP通过4个关键环节,解答消费者诉求,极为巧妙地处理好了顾客关心的问题,从而可顺利实现产品的销售诉求。

(　　)

(3)农产品包装设计即在品牌定位的基础上,根据目标消费群的消费心理及消费行为模式等相关要素,有针对性地选用合适的包装材料,运用巧妙的工艺制作手段,为农产品进行结构造型和包装的美化装饰设计,目的是提高产品销量与品牌推广力度。

(　　)

2.单选题

(1)(　　)是一个名称术语、符号或图案设计,或者是它们的组合,用以识别某个或某群消费者的产品或劳务。

　　A.品牌　　　　　　B.品牌名称　　　　　C.品牌标志　　　　　D.商标

(2)(　　)是指能够给店铺和店铺产品带来流量的产品。

　　A."引流款"产品　　B."利润款"产品　　C."旗舰款"产品　　D.特殊产品

(3)某商品标价9.9元而不是10元,虽仅相差0.1元,但前者给购买者的感觉是还不到10元,后者却使人认为10元,因此前者给消费者一种价格偏低,商品便宜的感觉,使之易于接受。这采用的是(　　)定价策略。

　　A.折扣定价策略　　B.组合定价策略　　C.尾数定价策略　　D.差别定价策略

3.多选题

(1)FABE销售法则是根据(　　　　　)这几个方面进行分析的。

　　A.商品特质、特性　　　　　　　　B.商品优势

　　C.给消费者带来的好处　　　　　　D.佐证

(2)农产品品牌管理中的产品标准化可根据产品的(　　　　　)等标准进行筛选。

　　A.大小　　　　　　B.重量　　　　　　C.质量　　　　　　D.商标

(3)品牌包括(　　　　)。

　　A.品牌名声　　　　B.品牌名称　　　　C.品牌标志　　　　D.商标

4.简答题

(1)什么是农产品品牌定位?

(2)什么是USP商品卖点提炼法?

项目 3
搭建农村电子商务网店

□ 项目综述

　　龙海燕团队确定好发展的农村电商品牌之后，准备着手搭建一家农村电商网店来经营销售猕猴桃。

　　他们了解到，搭建农村电商网店一般有两种途径：一种是自建电子商务平台进行农产品销售，另一种是通过第三方电子商务平台开设网店进行销售。自建电子商务平台是企业自己通过网页制作软件生成的电子商务网站，供上下游企业以及客户进行交易，一般只销售企业自己的产品。第三方电子商务平台是一个为买卖双方提供交易及配套服务的平台，平台本身并不参与交易。

　　接下来，让我们走进项目3，看看如何来搭建农村电商网店。

□ 项目目标

　　通过本项目的学习，应达到的具体目标如下：

素质目标
◇培养学生细心、严谨的学习态度和诚实守信的职业态度；
◇培养学生数据分析、科学探究的学习方法和习惯；
◇培养学生在集体环境中互帮互助的团队协作能力。

知识目标
◇熟悉规划农村电商业务发展的方法；
◇掌握农村电商开店的要点及相关技术；
◇了解农村电商发展的瓶颈。

能力目标
◇学会布局农村电商网店；
◇学会建设农村电子商务平台；
◇对比分析自建平台与第三方平台开设网店的区别。

📖 项目思维导图

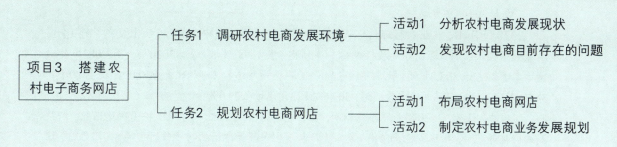

任务1
调研农村电商发展环境

情境设计

在搭建电商网店之前,宋老师提出要先了解大环境,即我国农村电商的发展环境,龙海燕同学回应前面学过的中央一号文件都聚焦乡村振兴,这就是大环境。从大环境下再细分小环境,就是农村电商的网购市场规模,只有准确掌握了这些数据,才能做好网店平台的发展规划。下面,我们一起来看看同学们对农村电商发展环境的调查。

任务分解

为成功搭建电商网店,团队成员在宋老师的引导下需要先借助网络搜索工具了解农村电商的发展环境,分析农村电商的发展现状,发现农村电商目前存在的问题,以此来规划自己的网店要发展的方向以及避开现存问题产生的影响。

概括起来就是两件事:分析农村电商发展现状;发现农村电商目前存在的问题。

活动1　分析农村电商发展现状

活动背景

宋老师告诉同学们在搭建电商网店销售农产品之前,需要先了解、分析农村电商的发展现状,总结经验,才能找对方向,龙海燕团队在宋老师的指导下,准备探索适合他们的电商网店的搭建模式。

📖 知识窗

1.农村电子商务发展概况

2021年9月9日，农业农村部信息中心联合中国国际电子商务中心在北京线上发布《2021全国县域数字农业农村电子商务发展报告》(以下简称《报告》)。《报告》称2020年全国2 083个县域网络零售额达35 303.2亿元，比上年增长14.0%，占全国网络零售额的比重为30.0%，提高0.9个百分点，其中县域农产品网络零售额为3 507.6亿元，同比增长29.0%。

《报告》认为，2020年新冠疫情期间，农村电商凭借线上化、非接触、供需快速匹配、产销高效衔接等优势，在县域稳产保供、复工复产和民生保障等方面的功能作用凸显。直播带货、社区团购等新业态新模式不断涌现，跨境电商开启了县域融入国际市场的大门。

《报告》指出，2021年是实施"十四五"规划的第一年，全面推进乡村振兴将为县域电商发展提供更加广阔的舞台，农村电商的巨大潜能将加速释放，数字化生活消费方式变革将重塑县域农村大市场，电商创新发展将助力农业农村数字化转型驶入快车道，县域电商还将为构建以国内大循环为主体、国内国际双循环相互促进的新发展格局提供新动能。

农村电子商务的稳步发展具体体现为3个方面：

一是助力农村经济发展。近年来，快速发展的农村电商给乡村架设了一条便捷的销售渠道，也给越来越多的农民增设了致富的渠道。2021年全国农村网络零售额达2.05万亿元，比上年增长11.3%，增速加快2.4个百分点。全国农产品网络零售额达4 221亿元，同比增长2.8%，大大振兴了农村经济发展。

二是提高农民创业机遇。农村电商的发展吸引了一批农民甚至是大学生回乡创业，大家通过乡村举办的各种电商培训班学习后依托电子商务进行创业，利用互联网销售优质农产品。可以说，互联网进村给农民创业带来机遇，农村电商的发展使得农民的创业变得更加实在。

三是促进农村经济转型。农村电商的进驻，让众多农民开始树立互联网意识、质量意识以及品牌意识。农村电商的发展，将供应链、产业链、物流链等现代经营理念融入农业中，推动农村经济发展转型，由原来的单一、闭塞模式转为以市场为导向、以消费者为中心的生产模式，并朝着优质高效、绿色生态农业方向发展。

2.农村电商的典型模式分析(见表3.1.1)

表3.1.1　农村电商典型模式分析

模　式	模式简介	农产品进城战略	工业品下乡战略
遂昌模式 (农村淘宝)	2005年开始，部分遂昌人在淘宝上开始网店出售竹炭、烤薯、山茶油等特色农产品；2013年1月，"特色中国——遂昌馆"正式在淘宝网上线，这是全国首家县级特色馆。	①制订进城农产品的生产和销售标准，完善农产品销售流程，扩大农产品的销售渠道。 ②设立遂昌县产品展示平台和网络分销平台，并统一拍摄农产品图片，统一制作图片文字效果，提供给网店经营者使用。	①通过赶街模式实现，赶街模式也就是农村电商模式，通俗地讲就是在农村建立服务站，帮农民买东西、卖东西。开创赶街县、乡、村三级线下服务体系，打通农产品从村到城市消费者的链条。 ②赶街搭模式最重要的一点是解决了农产品进城的难题，也就是为农民搭建了一个买卖平台。

续表

模 式	模式简介	农产品进城战略	工业品下乡战略
遂昌模式（农村淘宝）	2013年10月，阿里研究中心发布"遂昌模式"，被认为是中国首个以服务平台为驱动的农产品电子商务模式。	③提供仓储服务，根据商家的订单依次为其发货，并为商家提供统一的售后服务。④农村合作社分工协作，农户负责生产，企业负责加工，网络分销商负责网络推广销售。	③县级运营中心为村级服务站提供支持，负责该县村级服务站网点的开发与管理，以及"最后一公里"的物流服务。
仁寿模式（京东帮）	2014年12月，仁寿县成为全国首批电子商务进农村综合示范县，并与京东商城签订合作协议，成为京东商城下乡进村"星火试点"的首个签约县。	①与京东商城深入合作，在京东平台卖出仁寿特产并通过京东物流高效运输。②在京东商城开通线上"中国特产——仁寿馆"，将仁寿文官枇杷产业基地签约为京东商城直供基地，实现了城市用户通过京东商城下单，商品在仁寿包装发货，再通过京东物流进行配送的新模式。③联合京东商城举办首届线上"中国——仁寿京东枇杷节"，拉开了仁寿县政府与京东商城紧密合作、发展县域电商的序幕。	①建立县级京东服务中心，完善乡村配送体系，招募乡村推广员，建立乡村合作点。②与赶场小站合作，打造农村电子商务O2O线上线下服务平台。③运营"京东帮仁寿服务店"，逐步建立起家电销售、物流配送等体系。

活动实施

⊟ **做一做** 探索了解多多农园。

步骤1：了解什么是"多多农园"经营模式。

"多多农园"是由拼多多发起的探索脱贫攻坚和乡村振兴机制性衔接的创新模式。依托多多果园这种新电商供给模式，拼多多实现了农产品、农副产品订单总额的大幅度增长，成为中国最大的农产品网络零售平台之一。

打开IE浏览器，输入百度，搜索"多多农园"，查看相关网站并学习，请描述多多果园的经营模式：

_____

_____

_____

_____

_____

步骤2：寻找"多多农园"。

两人一组，收集资料，了解全国各地哪里有多多果园，请写出来。

华北：

华东：

东北：

华中：

华南：

西南：

西北：

港澳台地区：

步骤3：走进"多多农园"。

一起走进"多多农园"，了解目前进驻的多多农园的经营情况，将调查结果填入下表。

农园坐标	主产农作物	存在问题	多多果园带来了哪些改变措施	多多果园带来的成效
		①	①	①
		②	②	②
		③	③	③
		①	①	①
		②	②	②
		③	③	③

活动小结

通过收集相关的农产品交易的数据及信息了解农村电商的发展现状,从而分析产品的市场竞争力。此次任务培养团队成员细心、严谨的学习态度和诚实守信的职业态度,培养团队成员科学探究的学习方法,培养团队成员交流与合作的意识,强化数据分析能力。

活动2　发现农村电商目前存在的问题

活动背景

龙海燕团队在了解了农村电商的发展现状后,既看到了农村电商发展的广阔前景,也看到了阻碍农村电商稳步发展脚步的种种问题。只有看清现存的问题,才能明确自己的发展道路,朝着正确的方向去搭建电商网店。

🗒 知识窗

农村电商发展的主要问题

自2014年以来,农村电商连续每年写入中央一号文件,中共中央以及国务院对农村电商的关注度在持续上升,农村电商得到了空前的关注与发展。尽管农村电商的发展前景很好,但目前仍处于发展阶段,在发展过程中不断涌现出各种问题,总结起来有以下几个方面。

1.农产品质量体系不完善

(1)农产品同质化严重

当前农村电商普遍存在的一个明显问题就是:产品类型单一、同质化现象严重。产业扶贫是近几年脱贫攻坚历程中成效最好、见效持久的扶贫措施之一,通过发展各种各样因地制宜的种植业或者养殖业,让农民有了可持续的收入。但是,由于政府的干预、农民的盲目跟风等多种原因,造成了很多农业产业出现了同质化现象,种植产业尤为突出。比如四川的柑橘产业,2014年得益于农村电商的发展,打开了销路,产量由2014年的400万亩面积增加到2020年的1 000万亩,产量已经大大超过市场需求,因此农民只能通过降低价格来竞争销售,最终造成"丰产而不增收"的局面。

因此,农产品同质化现象严重会直接导致农产品在电商平台上面的竞争力主要集中在价格拼杀上,农民不得不通过低价,甚至是亏本的方式来销售,从而造成农村电商恶性发展。

(2)农产品质量难把关

在生产环节,农产品生产者大多为分散的个体户,规模化生产程度较低,农民的文化知识水平有限,质量安全意识较为薄弱,为了赶产量、赶时节没有遵守科学施肥、限量使用农药原则,缺乏自我管理能力,严重影响了农产品质量、人体健康和农产品市场运行秩序。

在质量安全检测环节,除了农产品生产者本身的自检能力不足,批发市场、基地建立检测点的建设也不足,大部分生产经营者还没有能力建立检测设施。检测机构的结构与布局不尽合理。镇一级的检测机构数量仍较少,食用农产品安全类质检机构的数量不足,投入品类机构偏多而其检测任务不足。

在管理职能环节,农产品质量安全管理权限分散在农业、贸易、工商、环保、卫生等不同部门,各部门依据相应的工作职能和行业法规,各自对农产品实行质量安全管理、检测。这种多头管理的现象导致部门职责不清,主体责任难以落实,管理脱节,不能有效地开展农产品质量安全管理工作。

(3)农民缺乏品牌意识

目前我国农业的品牌化程度比较低,很多地方的农产品生产是以家庭作业为主,在对生产质量、包装质量、保鲜运输等方面很难把控一致,难以形成一套完整的产品质量生产体系。由于经营模式特点,农民自身缺乏品牌意识,没有商业化运作,也无法建立品牌。即便是商业化运作的农产品企业,也会因为规模太小,对品牌营销的投入有限,无法提高品牌知名度,难以打开市场(见表3.1.2)。

表3.1.2 中央一号文件连续多年关注农业品牌

发布时间	发布部门	政策名称	相关内容
2017年	中共中央农业部(现农业农村部)	《农业部关于2017年农业品牌推进年工作的通知》	成立农业部农业品牌工作领导小组,统筹协调全国农业品牌工作。根据《国务院办公厅关于发挥品牌引领作用推动供需结构升级的意见》精神,制定《农业部关于加快推进农业品牌发展的指导意见》,进一步明确我国农业品牌的发展方向、工作重点和实现路径。开展农业品牌专题培训,强化经验交流,推进协同合作,进一步提升农业部门农业品牌建设与管理的能力和水平。加强与中央主流媒体和网络新媒体合作,推出系列宣传活动,强化农业品牌的宣传推广。
2018年	中共中央国务院	《中共中央国务院关于实施乡村振兴战略的意见》	制订和实施国家质量兴农战略规划,建立健全质量兴农评价体系、政策体系、工作体系和考核体系。深入推进农业绿色化、优质化、特色化、品牌化,调整优化农业生产力布局,推动农业由增产导向转向提质导向。值得关注的是,该文件着重指出"坚持抓产业必须抓质量,抓质量必须树品牌,坚定不移推进质量兴农、品牌强农,提高农业绿色化、优质化、特色化、品牌化水平"。
2019年	中共中央国务院	《国务院关于坚持农业农村优先发展做好"三农"工作的若干意见》	发展壮大乡村产业,拓宽农民增收渠道,要加快发展乡村特色产业;因地制宜发展多样性特色农业,倡导"一村一品""一县一业";积极发展果菜茶、食用菌、杂粮杂豆、薯类、中药材、特色养殖、林特花卉苗木等产业;支持建设一批特色农产品优势区;创新发展具有民族和地域特色的乡村手工业,大力挖掘农村能工巧匠,培育一批家庭工场、手工作坊、乡村车间;健全特色农产品质量标准体系,强化农产品地理标志和商标保护,创响一批"土字号""乡字号"特色产品品牌。

续表

发布时间	发布部门	政策名称	相关内容
2020年	中共中央国务院	《中共中央国务院关于抓好"三农"领域重点工作确保如期实现全面小康的意见》	我国面临的国外农产品市场竞争越来越激烈，随着农业全球化水平的提高，优质农产品和农业品牌的竞争已成为国际市场竞争的焦点之一。实施农业品牌战略几乎是世界农业强国实现农业现代化和赢得国际竞争优势的通行做法。加快我国农业品牌建设升级，打造一批优质特色农产品，不仅是我国应对农产品国际竞争的战略选择，而且是提高中国农业国际竞争力，提高对外合作层次和开放水平的重要途径。
2021年	农业农村部办公厅	《农业生产"三品一标"提升行动实施方案》	要深入推进农业供给侧结构性改革，推动品种培优、品质提升、品牌打造和标准化生产，对农业高质量发展道路具有指向性意义。
2022年	中共中央国务院	关于做好2022年全面推进乡村振兴重点工作的意见	开展农业品种培优、品质提升、品牌打造和标准化生产提升行动，推进食用农产品承诺达标合格证制度，完善全产业链质量安全追溯体系。

2.农村电商人才资源匮乏

(1)当地农民水平有限

虽然农村电商在全国各地呈现出一片欣欣向荣的景象，但许多地方正面临着人才匮乏的困境，各地农村电商在经历着快速发展的同时，后继无力。许多农民仍停留在"会上网就能开店"的初期设想，但当真正做起农村电商的时候，才发现农村电商所涉及的环节非常多，从产品策划、质量检验、品牌包装、宣传推广到销售、物流、售后等各个环节都需要专业的知识与技能支撑，否则自己的网店没有任何特色与竞争力可言。这时，具有专业技能与素质的人才就显得尤为重要。

(2)在外人才不愿回乡

发展农村电商，人才资源是根本保障，为了培养农村电商人才，国家相关部门纷纷出台政策支持农村电商人才培养，包括政府单位人员、农村合作社机构人员、农村电商企业及个体户、返乡大学生和农民等，从农村电商基础知识、操作技能、管理素质等多个方面进行培养。但从目前来看，由于城市与农村存在着生活质量、经济能力等各个方面的差距，许多大学生毕业后选择留在城市发展，不愿回到家乡接触农业，即便是回到家乡做电商创业，也会面临能力不足的问题。目前的农村电商人才无论是从质量上还是数量上，已不能满足日益发展的农村电商需求。同时，教育培训体系的缺乏，人才供给不足等问题也阻碍着农村电商的发展。

3.农村电商物流体系不健全

(1)交通线路不通畅

一直以来，农村的交通线路不通畅是造成"最后一公里"配送难的主要原因，特别是在经济比较落后的山区地带，到处是山路土路，崎岖不平，车辆根本无法通行，只能靠农民自己步行上山下山，没有一条通畅的交通线路让物流配送戛然而止。

（2）住户分散成本高

农村住户相对来说比较分散，如果要实现"门到门"的配送方式，就得增加配送人力以及时间，大大提高了物流配送的成本。所以农村电商的"最后一公里"很难配送到每家每户的手中，一般村民们都需要自己去乡镇或城镇取件以及寄件。有些快递公司的物流配送只覆盖到县镇一级，村级快递网点少，适合乡村特点的二级物流网络没有形成，客户的收货时效就会延迟，严重影响客户的购物体验。同时，农户也会因为用户的收货时间延迟，而导致收款时间延期，对资金周转带来一定影响。较高的物流配送成本造成本来单价就不高的农产品在电商销售渠道缺乏竞争力。

（3）物流节点选址难

农产品要实现从农村进入城市，需要经过仓储、运输、配送等多个环节，对物流节点的数量及质量要求比较高。但由于农村位置分散，人员不集中，崎岖不平的山路导致车辆无法通行，物流配送难以进行。这给物流节点的挑选带来难度。

（4）物流设备较落后

与城市物流相比，农村地区在物流基础设施与技术方面存在着较大差距，较低的物流设备无法满足较高的物流需求，直接阻碍着农村电商行业的发展步伐。特别是生鲜农产品对物流配送的冷链设备及仓库要求较高，如何按时保质将农村生鲜产品配送到客户需要的地方一直是困扰农村电商快速发展的关键问题。

4.农村电商金融服务不到位

（1）农业生产信息不全

由于互联网在农村近几年才开始普及，之前跟农业生产的相关数据很多都是通过纸质形式记录，并没有保存在信息数据库中。如果缺乏数字化信息，基于大数据的风险控制、征信、风险定价、行业分析等很多业务无法进行，也无法对农业生产的信用进行精准分析。

（2）农村金融产品单一

银行贷款一直是农村电商最主要的融资方式。但是，许多金融机构针对农村电商开发的金融产品很少，类型单一，不能够给农民集资创业提供保障。同时，由于农村电商在贷款时的抵押担保方式单一，不少金融机构并未能及时将电子商务企业中的各项指标（交易额、订单量、评分等级和信誉度等）反映电商发展和信用的关键性变量纳入授信考核范围。

（3）农村金融普及受限

由于金融机构对农村市场的重视程度不够，金融产品单一、项目推广范围小，很多农民对互联网金融了解甚少也不信任，他们宁愿花多时间、精力去采取传统方式借贷，也不通过线上农村金融去完成。这就导致了农村金融业务在农村难以开展，普及率较低。

活动实施

🔲 做一做　走进猕猴桃十大品牌故事。

步骤1：打开浏览器，登录十大品牌网，了解当下的猕猴桃市场有哪十大品牌，并走进它们的故事，将相关信息填入下表。

序　号	品牌名称	创立时间	发源地	猕猴桃主要产地
1				
2				
3				
4				
5				
6				
7				
8				
9				
10				

步骤2：两人一组，组员收集、了解各个猕猴桃品牌的网店经营情况，整理各个品牌在不同电商平台的入驻情况，填写下面猕猴桃品牌入驻平台信息表。

序　号	品牌名称	JD店	天猫旗舰店	官　网
1				
2				
3				
4				
5				
6				
7				

续表

序　号	品牌名称	JD店	天猫旗舰店	官　网
8				
9				
10				

步骤3：分析对比猕猴桃在各大平台的销售情况、价格走势、运输物流方式等，填写下表。

序　号	网店名称	开店平台	销售情况	价格走势	运输方式
1					
2					
3					
4					
5					
6					
7					
8					
9					
10					

步骤4：将所有的数据进行SWOT分析，优选平台开展农产品销售试验。

SWOT分析，即基于内外部竞争环境和竞争条件下的态势分析，就是将与研究对象密切相关的各种主要内部优势、劣势和外部的机会和威胁等，通过调查列举出来，并依照矩阵形式排列，然后用系统分析的思想，把各种因素相互匹配起来加以分析，从中得出一系列相应的结论，而结论通常带有一定的决策性。

运用这种方法，可以对研究对象所处的情景进行全面、系统、准确地研究，从而根据研究结果制定相应的发展战略、计划以及对策等。

对湘西花垣县猕猴桃在电子商务平台上销售进行SWOT分析,填写下表。

S: strengths 优势	W: weaknesses劣势
O: opportunities 机会	T: threats 威胁

活动小结

团队成员通过发现农村电商目前存在的问题,掌握农村电商开店的要点及相关技术,避开存在的种种弊端,从而能够更好规划网店发展路线。培养团队交流与合作的意识,强化长远的眼光,培养综合分析能力。

》》》》任务2
规划农村电商网店

情境设计

龙海燕和同学们了解了农村电商的发展现状以及存在的问题之后,对如何布局自己的农村电商网店有了一定的方向,同时对如何制订农村电商业务发展规划也有了一定的设想。下面,我们一起来看看龙海燕和同学们如何规划他们的农村电商网店。

任务分解

为了能合理规划农村电商网店,团队成员在宋老师的引导下借助网络了解网店开设的方式,以及在各种电商平台上开设网店的条件与规则,结合自身情况再进行网店的布局与规划。
概括起来就是两件事:布局农村电商网店;制订农村电商业务发展规划。

活动1　布局农村电商网店

活动背景

龙海燕和同学们准备搭建电子商务网店销售农产品，需要先了解农村电商的平台模式，根据自己的农产品特点及现有的条件做好规划，找对方向，合理布局适合自己的农村电商网店。

🗒 知识窗

开设农村电商平台一般有两种途径：一种是通过自己搭建电商平台进行农产品销售；另一种是通过第三方电子商务平台开设网店。

1.自建农村电子商务平台

自建农村电商平台就是农业用户自己在互联网上面建立的电子商务网站，农户可以根据自己的实际需要去建设、管理，开发出独特的平台服务，使网站更具有个性化。同时，在建立和经营平台的过程中可以培养自己的专业人才，便于企业进行更深层次的电子商务活动。自建农村电子商务平台的优势如下：

①个性化强，企业可以自行设计网站版面、风格、内容等而不受第三方平台限制。

②服务性强，企业可以根据用户需求提供不同的服务与权限，给予客户更好的购物体验。

③可拓展性强，企业可以根据自己的需要随时对电商网站进行调整与拓展。

④能够培养自主与创新的电商人才，对企业的长远发展具有重要意义。

自建农村电子商务平台的劣势如下：

①投入成本高，需要购买服务器域名与各种软硬件设施。

②人才需求高，需要专业建站的信息技术人员来建设与维护。

③时间成本高，网站的建设与维护需要一定的时间积累才能完成。

④推广难度大，平台初期可信度低，很难吸引目标用户。

2.第三方电子商务平台

第三方电子商务平台是指独立于产品或服务的生成者和需求者，按照平台规定的交易与服务体系，为买卖双方提供服务的网络平台。其中，服务的内容包括供求信息发布与检索、交易的确立、支付的担保及物流配送。

很多农业用户开设农村电商网店都会选择第三方电子商务平台，这也是当下大部分网店开设者的首选。相比较自建电商网店来说，用户选择第三方电商平台开店的门槛比较低，流程较为简单，前期的投入费用也比较少。

农村电商网店可以选择的第三方电商平台很多，有综合类电商平台，也有垂直类电商平台。综合类电商平台包括淘宝网、京东、拼多多、苏宁易购等平台，垂直类电商平台有中国农业网、惠农网、知农网、水果交易网等平台。无论是综合类电商平台还是垂直类电商平台，随着农村电商的不断发展，这些平台都逐渐形成了完善的电子商务生态系统。

相比较自建农村电子商务平台而言，第三方电商平台具有以下的优势：

①开店门槛低，只需要通过身份认证以及信用认证，缴纳相关费用即可开店。

②开店速度快，第三方平台拥有完善的网店模板以及功能板块可供开店者选择应用，开店者不需要花费过多精力去开发、装修网店。

③可信度较高，第三方电商平台拥有完善的信用体系以及认证流程，同时能够对买卖双方的身份、信用进行认证，确保交易能够顺利进行。

④资源流量大，第三方电商平台的用户多，范围广，大量的资源流量能够帮助开店者节省网店推广的费用。

第三方电商平台的劣势如下：

①平台规则多且变化，开店者开店会受到诸多规则的约束。

②网店模板及功能有限，开店者只能选择平台上的模板以及功能来应用，不能彰显用户自身的特点及个性。

③宣传经营活动受限，由于平台规则的原因，用户的宣传经营活动需收到第三方平台的审批通过才能进行。

④需要缴纳保证金或一定的佣金。

3.如何选择农村电子商务平台（见表3.2.1）

第三方电商
平台开店案
例赏析

表3.2.1 两种农村电子商务平台对比分析

	自建电商平台	第三方电商平台
费用分析	自建电商平台的费用支出主要在于建站开发，包括网站的建设、软硬件设施以及域名的购买、空间的租赁等，平台建设费用较高。	选择第三方电商平台的费用就低很多，商家只需要缴纳一定的保证金就可以直接开店，使用第三方平台所提供的平台模板与空间，方便快捷。
技术分析	第一是域名建设，自建电商平台能够拥有独立且自己命名的域名，这对于商家来说不仅是一项无形资产，也是推广品牌的一种途径； 第二是服务器的稳定性，自建电商平台的商家需要自行选择服务器，稳定性弱，技术成本高。	选择第三方电商平台开店，那么商家只能拥有统一格式的顶级域名，而不能自主取名； 第三方电商平台的服务器稳定性强，技术成本由平台方承担。
推广分析	自建平台需要商家自己去做广告推广来获得流量与知名度，推广成本较高。	第三方电商平台本身就是流量的聚集地，商家可以通过购买平台的广告位来获取更多流量，推广费用成本较低。
人员分析	自建电商平台需要有专业的建站者、程序员、美工、运营及客服人员等，整个网站的建设与维护需要大量的专业人员参与。	第三方电商平台相对来讲对人员的需求量不高，一般需要美工、网店运营及客服人员即可。

综上所述，建设农村电商平台，如果没有足够的人力、物力支撑，而且又缺乏经验，那么最好选择第三方电商平台开设网店。等网店经营到一定规模，再着手打造自建平台。

活动实施

☐ **做一做** 开设湘西花垣县猕猴桃网店的分析选择。

步骤1：分小组收集资料，讨论、分析龙海燕和同学们的农村电商网店如果选择自建模式开设网店，有哪些利与弊，将讨论结果写在下表。

选择自建电商平台的指标	分析结果
费用分析	
技术分析	
推广分析	
人员分析	

步骤2：分小组收集资料，讨论、分析同学们的网店如果选择第三方电商平台开设网店，有哪些利与弊，将讨论结果写在下表中。

选择第三方电商平台的指标	分析结果
费用分析	
技术分析	
推广分析	
人员分析	

步骤3：第三方电商平台规则对比。

如果选择第三方平台开设网店，对比各个电商平台的规则与条件，填写下表。

第三方电子商务平台	平台规则对比
淘宝	
京东	
拼多多	

步骤4：平台对比选择。

经过对比选择，你认为，同学们的网店最终选择什么方式、什么平台来开设最合适？请写出你的理由。

_____

_____

_____

_____

活动小结

通过对比自建平台与第三方平台开设网店的区别，分析各大平台的开店规则，从费用分析、推广分析、技术分析、人员分析等四方面进行综合比较，最后得出适合的开店平台选择，布局农村电商网店。此活动培养团队成员交流与合作的意识，强化对比分析的能力，培养工匠精神。

活动2　制订农村电商业务发展规划

活动背景

团队成员在了解了在不同平台开设商铺的利与弊后，经过一番权衡与规划，终于开设了属于他们的猕猴桃网店。网店开设后，怎么继续去经营与发展网店成了他们需要思考的问题。接下来制订他们的农村电商业务发展规划。

📖 知识窗

龙海燕和同学们经过一番讨论商议，依照时间周期与网店规模，制订了湘西花垣县猕猴桃网店农村电商业务发展规划表（见表3.2.2）。

表3.2.2　农村电商业务发展规划表

阶　段	阶段目标	产品规划	推广规划
新生期 （第1年）	装修网店、优化主图与商品描述，通过各种途径来获取点击量进而提高网店的流量。	湘西花垣县猕猴桃	①选择主推商品——猕猴桃进行基础数据优化，获取基础搜索流量，测试展现点击率，优化商品标题及描述内容，去平台论坛多窗口展现，利用平台站内一些免费扶持新店的资源，报名一些免费推广活动（比如团购、试用等）提高商品的展示率。 ②适当参加平台的付费活动（如直通车、淘宝客等）提高商品与网店的点击率。 ③微信引流，通过建立微信群、发朋友圈、创建微信公众号小程序等方式进行网店与商品的宣传。
成长期 （第2年）	获取流量，通过增设衍生商品来吸引更多客户，打造爆款及商店品牌，优化转化率与成交率。	猕猴桃 猕猴桃的衍生品（果汁、水果糖、果干）	①优化商品数据，撰写富有创意的标题，从客户的角度分析产品的优缺点，分析产品的忠实客户群会是哪些人，在网页上描述出来，拍好产品的实物图、细节图、场景图，使用过程优点图，引导顾客认可产品的行业标杆和标准。 ②创建自己的品牌，在首页及商品描述中突出品牌特点，并在站内、站外进行品牌宣传与推广。 ③主推一款商品（猕猴桃）打造爆款，通过满减、满赠等各项优惠政策提高商品的销售率与市场占有率，进而打响品牌。

续表

阶　段	阶段目标	产品规划	推广规划
成熟期 （第3年）	打造两款以上爆款，优化客户体验与服务，培养忠诚客户，提高网店在平台类目销量排名中的知名度和上榜位。	猕猴桃 猕猴桃的衍生品 湘西花垣县本地特产	①使用成长期同样的方法继续打造爆款，为网店引流。 ②关注客单价，静默转化率，询盘转化率，客户回头率，开始做好老客户营销，做好客户体验设计，提高网店销量。 ③增设电子商务工作人员，细化专业化工作岗位，提高网店工作人员的专业能力。 ④参与平台重要促销节日活动，例如双十一、双十二，增加爆款销量，同时推广品牌，提高品牌曝光率。
维持期 （第4年）	继续推广与宣传，树立、维持品牌形象，提高客户服务质量，在行业中、平台中站稳脚跟。	猕猴桃 猕猴桃的衍生品 湘西花垣县本地特产 其他生鲜水果	①适当增设商品类别，继续为网店引流。 ②通过组合销售等模式，由爆款商品带动其他商品销售量。 ③优化每个主营类目，精细化运营，提高客户体验服务，维系老客户，引流新客户。 ④树立品牌理念，适当为品牌做付费广告，打造专业的品牌经营计划，保证网店品牌在行业、平台上站稳脚跟，长久发展。

活动实施

做一做　网店引流。

电子商务时代，引流这个词在网店运营中会被经常提及，因为网店如果没有流量就意味着没有客户，没有客户就意味着网店不会有订单，所以吸引流量对于网店经营来讲至关重要。每位网店经营者都必须思考如何去引流这个问题。

步骤1：分小组查阅资料，给"引流"下一个定义，写在下面横线中。

_____

_____

步骤2：了解付费引流收费方式。

互联网上引流的方式非常多，但大部分商家都会使用常用的几种方式进行引流。按照是否需要付费，我们先把引流方式分为付费引流与免费引流。

付费引流有以下几种方式，请同学们分小组查阅资料，了解下面几种不同的付费方式，将内容填入下表。

付费方式	中文名称	如何收费
CPC		
CPM		
CPA		
CPS		

步骤3：了解免费引流方式。

商家引流除了使用常见的付费引流方式，也有一些免费的引流方式可以采用，如内容引流、SEO引流、社交软件引流。

1.内容引流

内容引流是最优质的引流方式，通过优质内容及话题吸引用户主动关注并经常性浏览阅读，培养用户的浏览习惯。

请同学们发挥创意，试着写一段文字，给猕猴桃的网店做内容引流宣传（可以是产品网店宣传介绍，也可以是湘西花垣县农村的故事，内容不限，自由发挥）。

_____

_____

_____

_____

_____

_____

_____

2.SEO引流

SEO引流，主要是通过优化用户搜索的关键词来提高排名，即当用户使用某个优化的关键词时，就会出现相关的内容，增加曝光的机会，从而实现精准引流获客。

SEO通常被拿来和SEM作对比，请大家收集资料，对比SEO引流与SEM引流的区别，并填入表3.2.3。

表3.2.3　SEO与SEM引流方式对比

引流方式	中文名称	优　势	劣　势
SEO			
SEM			

3.社交软件引流

社交软件引流是目前使用最多的一种引流方式,通过在不同的社交软件平台开通账号,添加好友、粉丝,发布信息,为产品网店引流。请同学们根据猕猴桃网店的特点,为其选择合适的社交软件平台进行宣传引流(见表3.2.4)。

表3.2.4　社交软件平台引流

社交软件平台	如何引流

活动小结

通过分析网店的产品特点、资金规模、人员分配等多种因素,逐步制订农村电商业务发展规划,选定合适的引流方式,从而打造深受欢迎的农村电商网店,提高品牌知名度与宣传力,培养团队交流与合作的意识,强化沟通分享的能力,培养工匠精神。

项目检测

1.判断题

(1)农村电商的发展给农民创业提供了机遇。　　　　　　　　　　　　　　　(　　)

(2)农村电商原来的单一、闭塞模式转为以市场为导向、以消费者为中心的生产模式,并朝着优质高效、绿色生态农业方向发展。　　　　　　　　　　　　　　(　　)

(3)由于产品同质化严重,许多农民只能通过降低价格来竞争销售,最终造成"丰产而不增收"的局面。　　　　　　　　　　　　　　　　　　　　　　　　(　　)

2.单选题

(1)拼多多通过大数据、云计算和分布式人工智能等技术打造(　　　)模式,将分散的农业产能和分散的农产品需求在"云端"拼接。

        A.农产品团购　　　B.多多买菜　　　　C.农地开发　　　　D.农地云拼

(2)农村电商产品普遍存在的一个明显问题就是(　　　)。

        A.产品类型多样　　B.同质化现象严重　C.产品个性化明显　D.产品有创意

(3)自建农村电商平台的优点是(　　　)。

        A.投入成本低　　　B.人才需求低　　　C.时间成本低　　　D.个性化强

3.多选题

(1)为配合京东农村电商计划的实施,京东平台先后开设了(　　　　　)等频道。

A.京东村　　　　B.京东农资　　　　C.京东白条　　　　D.京东扶贫

(2)下面哪些平台是新零售电商平台?(　　　　　)

A.盒马鲜生　　　B.超级物种　　　　C.苏鲜生　　　　　D.7FRESH

(3)农村电子商务的稳步发展具体体现在(　　　　　)

A.助力农村经济发展　　　　　　B.提高农民的收入

C.提高农民创业机遇　　　　　　D.促进农村经济转型

4.简述题

(1)目前农村电商存在哪些问题?具体表现在哪些方面?请展开分析。

(2)采用第三方电商平台开店的方式有什么优点?

项目 4
运营农村电子商务网店

☐ 项目综述

　　龙海燕与其他三位同学组成创业团队，准备开设网店来帮助家乡销售猕猴桃。通过学习农村电商课程，团队成员已经掌握了农村电商的相关政策和模式，打造了自己的网店品牌形象，通过调研与分析完成了业务模式设计和发展规划，接下来在宋老师的指引下，他们将完成网店的注册，产品的发布，网店的装修，以及日常订单处理等任务。让我们走进项目4，和龙海燕的团队一起开始农村电商网店运营工作吧。

☐ 项目目标

　　通过本项目的学习，应达到的具体目标如下：

素质目标
◇培养学生严谨、细致、实事求是的职业态度和职业素养；
◇培养学生精益求精的工匠精神；
◇提升团队协作意识和沟通合作能力；
◇增强学生的爱国情怀。

知识目标
◇掌握淘宝卖家平台的开店方法；
◇掌握京东卖家平台的开店方法；
◇掌握有赞卖家平台的开店方法。

能力目标
◇能够注册淘宝卖家平台账户；
◇学会在淘宝卖家平台发布农产品；
◇学会在淘宝卖家平台装修店铺首页；
◇学会在淘宝卖家平台处理日常订单。

▣ 项目思维导图

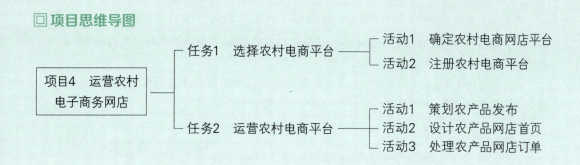

》》》》任务1
选择农村电商平台

情境设计

宋老师告诉同学们，在开设一家农村电商网店之前，首先应了解目前有哪些主流的电商平台，各个平台是否有助农项目和政策。对于一个以农产品为主的网店，只有了解清楚目前的主流电商平台开店条件和流程，才能够判断哪个平台适合我们。下面一起来看看龙海燕和她的团队是如何分析、确认和注册网店的。

任务分解

为成功销售家乡农产品，龙海燕团队在指导老师的引导下，借助互联网了解了淘宝、京东、拼多多、微盟等主流平台的开店条件和流程。在此基础上，结合团队自身条件选择了一家合适的平台，并进行平台注册。概括起来就是3件事：平台分析；选择平台；注册平台。

活动1　确定农村电商网店平台

活动背景

龙海燕团队打算通过农村电商网店销售家乡农产品——湘西花垣县猕猴桃，不知道选择什么平台最适合，由于目前主流的电商平台开店条件和流程各不相同，团队成员只有结合自身条件，通过分析各个主流平台的开店条件和流程，综合分析，才能够选择最适合自己的电商平台。

🗐 知识窗

1.淘宝网

淘宝网是我国深受大众欢迎的网络零售平台，它由阿里巴巴集团在2003年5月创立。2022年淘宝网注册用户数已达8.4亿，每天有超6 000万的固定访客，同时每天的在线商品数已经超过了8

亿件, 平均每分钟售出4.8万件商品。

随着淘宝网规模的扩大和用户数量的增加, 淘宝也从单一的C2C网络集市变成了包括C2C、团购、分销、拍卖等多种电子商务模式在内的综合性零售商圈, 已经成为世界范围的电子商务交易平台之一。

淘宝网为会员打造了一个全面而完善的交易平台, 操作简单明了, 入驻门槛低, 适合初入电子商务领域想要网上开店的个人卖家。如图4.1.1所示为淘宝网首页。

图4.1.1 淘宝网首页

2.京东商城

京东商城是中国的综合网络零售商, 是中国电子商务领域受消费者欢迎和具有影响力的电子商务网站之一, 在线销售家电、数码通信、电脑、家居百货、服装服饰、母婴、图书、食品、在线旅游等12大类数万个品牌百万种优质商品。截至2021年第四季度, 京东占据中国网络零售市场份额的28.8%。凭借全供应链继续扩大在中国电子商务市场的优势, 京东已经建立华北、华东、华南、西南、华中、东北六大物流中心, 同时在全国超过360座城市建立核心城市配送站。如图4.1.2所示为京东商城首页。

图4.1.2 京东商城首页

3.有赞微商城

有赞微商城是随着全媒体时代的到来而涌现出来的电商系统解决方案。有赞微商城是一款商城开发系统, 主要提供全行业的移动电商解决方案。它主要提供在线开店、客户管理、营销推广和经营分析工具, 它能帮助商家快速搭建商城。如图4.1.3所示为有赞微商城系统所搭建的网店。

图4.1.3 有赞微商城首页

活动实施

开店之前通常要分析国家的政策、市场行情和客户需求,农产品的产品周期,运输与配送,能否经营下去,是否有相关扶持政策和市场潜力等,这些都需要通过数据进行分析。

📋 **做一做** 收集知名电子商务平台开店的流程与要求。

龙海燕团队希望通过分析目前主流电商平台的入驻条件、入驻费用、入驻流程等信息,结合自身现有条件,最终选择一个可以马上开始做起来售卖家乡农产品的电商平台。

步骤1:通过互联网,登录淘宝网、京东商城、有赞等平台;并运用搜索引擎查询相关信息,总结归纳淘宝网、京东商城、有赞微商城的入驻条件、入驻费用,并将相关信息填写到以下表格中。

平台内容	淘宝网	京东商城	有赞微商城
入驻条件			
入驻费用			

步骤2:根据运用互联网收集整理的相关信息,对淘宝网、京东商城、有赞等平台的开店流程进行归纳总结,并分别画出每个平台的开店流程图。

平台流程	流程图
淘宝网	

续表

平台流程	流程图
京东商城	
有赞微商城	

步骤3：龙海燕团队是电子商务专业刚毕业的学生，毕业后决定回到家乡创业。于是她们决定通过网络平台售卖家乡的猕猴桃作为她们事业的起步。她们目前的现状是没有太多启动资金，暂未注册自己的公司，但必须做足网店运营的准备。请分析目前比较适合他们的网店平台，并说明原因填写下表。

适合的平台	
选择此平台的原因	

活动小结

通过了解3个不同的电商平台，掌握农村电商开店所需准备的资料和流程，优选适合创业的平台，从而能够更好地运营网店。此次活动培养团队成本意识、规划意识、交流与合作的意识，培养长远的眼光，培养综合分析能力。

活动2　注册农村电商平台

活动背景

龙海燕团队通过了解各个主流平台的入驻条件和流程，并结合团队自身条件进行分析选择了淘宝平台进行开店。准备在淘宝注册，入驻淘宝卖家平台，在任务实施过程中有可能会遇到各种问题。这就需要团队成员仔细研究入驻条件和流程，整理入驻所需要的相关信息和资料，才能够顺利完成平台注册入驻。

📖 **知识窗**

1.开店规则

针对淘宝开店规则，为了方便记忆，淘宝平台有这样一个总结：淘宝开店无门槛，放心交易无佣金，一张证照开一店，经营优秀开多店，个人店铺有执照，一键上传便亮照。

具体说明如下：

关于开店，如果新开店铺，建议尽快缴纳保证金，不缴纳不影响经营，但交易账期延长15天（确认收货15天后才能提现）；如果开几家店，一张身份证可开一家，一张营业执照可开一家，违规少、经营良好的卖家可申请开多家店。

个人店铺已办理营业执照，想亮出营业执照，以下路径供选择：若主体一致，一键上传营业执照即可。若主体不一致，可先选择"协议变更"，将店铺过户到营业负责人或法人代表名下，再一键上传营业执照即可。

长期未经营店铺被释放，可重新开店。临时关店处罚，处罚结束可重新开店；永久关店处罚，无法再开店。

2.开店流程

淘宝开店需要完成以下5个步骤，如图4.1.4所示。

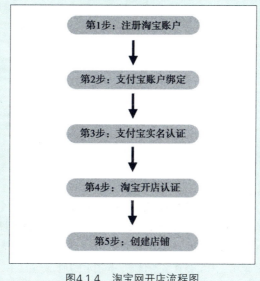

图4.1.4 淘宝网开店流程图

活动实施

📋 **做一做** 注册淘宝个人卖家账号，完善账号基础信息。

随着淘宝网的不断优化，目前注册淘宝个人账号并入驻淘宝卖家平台的流程越来越简单，目前只需要根据网站注册页面的提示进行相关的操作即可。接下来介绍如何在淘宝网中注册成为淘宝会员并顺利入驻卖家平台，具体操作如下：

步骤1：打开浏览器窗口，通过浏览器在地址栏录入"淘宝网"进行搜索，打开淘宝网的首页，点击淘宝网首页左上角的"免费注册"，如图4.1.5所示。

图4.1.5　淘宝网注册入口

步骤2：进入淘宝网用户注册页面后，录入自己的手机号码，点击"获取验证码"，待手机收到淘宝网验证码短信后，将验证码录入页面中对应位置。最后钩选"已阅读并同意以下协议"选项框后，点击"注册"按钮，如图4.1.6所示。

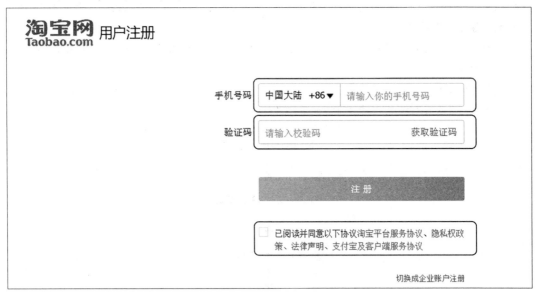

图4.1.6　注册页面

在注册之前，务必要分别点击《淘宝平台服务协议》《隐私权政策》《法律声明》《支付宝及客户端服务协议》等相关文件，了解使用淘宝平台需要知道的相关政策和法规。

步骤3：点击"注册"按钮以后，会自动跳转到"恭喜注册成功"页面，表示淘宝账户注册成功。此时在页面上会显示账户的登录名、淘宝会员名等信息，如图4.1.7所示。

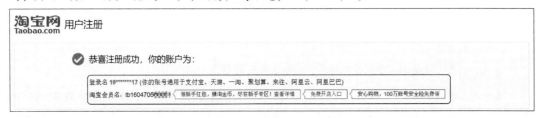

图4.1.7　注册成功显示页面

步骤4：在淘宝网注册成功页面中，点击"卖家中心"下拉菜单中的"免费开店"按钮，如图4.1.8所示。

图4.1.8　免费开店入口

步骤5：跳转到千牛卖家平台的申请开店页面，点击淘宝开店区域的"0元开店"按钮，进入淘宝免费开店页面，如图4.1.9所示。

图4.1.9　千牛卖家平台申请开店页面

步骤6：淘宝免费开店页面有两个选项，分别为"个人开店"和"企业开店"。企业开店必须要有营业执照才能够开店，目前龙海燕团队的创业才刚刚起步，还没有注册公司，因此选择"个人开店"，如图4.1.10所示。

图4.1.10　免费开店身份选择页面

企业开店和个人开店的主要区别是什么？个人店铺对应的经营主体是个人身份信息，企业店铺对应的经营主体是企业营业执照；企业店铺在子账号数、店铺名设置和直通车报名上面会有对应的权益，在店铺首页的店招会展示企业店铺的标识。

步骤7：当点击"个人开店"以后，系统会自动弹出一个页面，提示个人开店应事先准备好个人身份证，并提示在接下来的开店过程中还需要店铺负责人本人进行刷脸认证。如果已经做好准备，则点击"已准备好，开始开店"按钮。如图4.1.11所示。

图4.1.11　个人开店提示窗口

步骤8：此时进入如下页面，可根据自己的业务需要，修改店铺名称，钩选"已阅读并同意以下协议"，点击"0元开店"按钮。如图4.1.12所示。

图4.1.12　个人开店确认窗口

此页面显示了淘宝账号的账号名、所绑定的手机号和支付宝账号。可将此账号信息备份以便下次登录时使用。其中将默认已经为您注册成功的以手机号为账号的支付宝账号。此步骤也可以点击"个人开店"区域右上角的二维码，用手机淘宝App扫描弹出的二维码进行开店。

步骤9：此时进入开店认证页面，如图4.1.13所示，还需要完成"支付宝认证"和"实人认证"。点击支付宝认证区域的"去认证"蓝色按钮，系统将跳转到支付宝身份认证页面，如图4.1.14所示。录入店铺负责人本人的身份证信息，点击"确认并提交"按钮；也可以事先登录手机支付宝App，通过支付宝扫描图4.1.13中的二维码进行支付宝认证。

图4.1.13　淘宝网开店认证页面　　　　　图4.1.14　支付宝身份认证页面

　　步骤10：刷新开店认证页面，显示支付宝认证已完成。此时进行"实人认证"，使用已注册的淘宝账号登录手机淘宝App，通过手机淘宝App扫描实人认证下方的二维码（示样），如图4.1.15所示。按照手机淘宝App提示进行刷脸认证。刷脸认证完成以后，刷新开店认证页面，页面显示"恭喜您开店成功"，如图4.1.16所示。

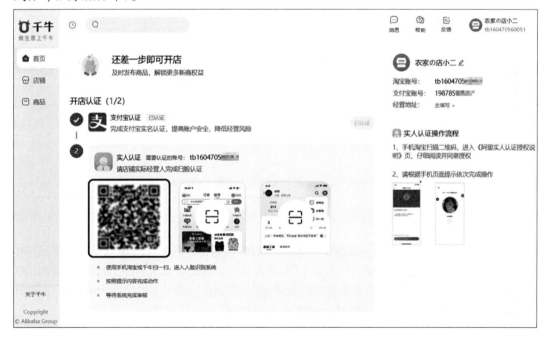

图4.1.15　手机淘宝支付宝实名认证

图4.1.16 认证后开店成功页面

步骤11：注册完成淘宝个人卖家平台以后，试查看"店铺"—"店铺信息"栏目都需要填写哪些内容。

步骤12：为自己的店铺取一个合适的店铺名称，并设计一个店铺图标。

店铺名称	（要求30个字以内）
店铺图标	（要求最小尺寸120像素×120像素，比例为1∶1，Png/jpg/jpeg格式的图片）

活动小结

通过注册农村电商淘宝个人店铺，掌握农村电商开店的要点及流程，通过设计店铺名称和店铺图标，准备开展农村电商网店的运营工作。此次活动培养团队交流与合作的意识，培养团队成员细致、严谨、实事求是的职业态度和职业素养，提高团队成员学习的积极性和效率，在设计Logo和店招的过程中培养团队成员精益求精的创新精神。

》》》》任务2
运营农村电商平台

情境设计

宋老师告诉同学们，完成电商网店注册，只是完成了运营电商平台的第一步。新注册的网店只是一个空壳，同学们需要通过拍摄获取对产品的图片素材，需要对产品的主图和详情图进行设计与制作，需要完成对产品的发布，需要设计并制作网店首页。只有完成了以上任务以后，才能说拥有了一家内容相对完整的网店，才能够对网店进行后续的推广并处理成交的订单等工作。下面一起来看看龙海燕团队是如何制作她们的产品图片和网店的首页。

任务分解

为成功销售家乡的农产品，龙海燕团队成员在学校指导教师的引导下，借助摄影器材、互联网等工具，完成产品拍摄，产品主图和详情图设计，产品上传和网店装修等任务，并对通过推广而成交的订单进行跟进和处理。

活动1　策划农产品发布

活动背景

龙海燕团队已经注册并拥有了一家自己的淘宝店，计划将自家的农产品猕猴桃上传到网店进行销售，但要想上传一款转化率高的产品还必须使产品的图片更加精美，产品的卖点更加吸引消费者。这就需要团队成员相互配合完成产品拍摄、图文采集等任务，才能够为产品上传奠定基础。

🗐 知识窗

> 1.如何选择商品类目
>
> 发布商品时，可以参考以下三种方式选择商品所在的类目：
>
> 方式一：在商品发布页面的类目搜索框内，输入需要发布的商品的关键词信息，越精确越好，搜索结果将展示平台推荐的类目。
>
> 注意：目前淘宝不提供查询其他商家商品类目放置功能，若想要了解同行卖家商品类目，需要自行订购第三方相关插件；同行类目商品仅做辅助参考，自己商品还需如实选择，避免类目错放被处罚。
>
> 方式二：在类目搜索框下方，选择"发布历史"中推荐的类目。
>
> 方式三：在类目列表中，逐级选择商品所对应的类目，如图4.2.1所示。

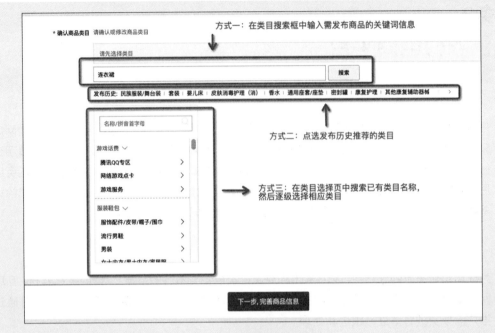

图4.2.1　上传商品类目选择页面

2.如何设置商品标题

填写商品标题时请注意以下几点:

①商品标题请限定在30个汉字(60个字符以内),否则会影响发布。除此之外,游戏币类目支持输入60个汉字。若发现有些商品标题目前可超过限制,未通过第三方软件编辑,若通过第三方软件编辑可能造成信息异常、丢失、纠纷等,一般不提倡这样做。

②标题要尽量简单直接,还能突出卖点。要让买家即使瞄一眼,也能明白商品的特点(知道它是件什么商品)。

③商品的标题是需要和当前商品的类目、属性一致的(出售的是新鲜水果,就不能出现干果等非新鲜水果类关键词)。

④不允许出现半角符号与表情符号。

⑤不能出现和商品不符、侵犯他人知识产权或违反广告法的关键词,如品牌叠加使用,使用夸大宣传的"全国第一""最大"等词语。

⑥部分特定类目,如农药/杀虫剂、保健食品等的发布前提是完成产品信息申请,申请通过后,发布页选择好对应的属性,标题、主图会自动带出,且不支持修改。

3.设置淘宝商品标题的十大原则

①经常优化标题。

②务必写满30个关键字。

③同类商品标题不可以完全相同。

④标题中不要有意放置堆砌关键词。

⑤不要写与商品无关的关键词。

⑥重要关键词不需要在一个标题中重复。

⑦不要使用大量类似重复的标题。

⑧不要刻意使用特殊符号。

⑨标题中写出主要类目及属性。

⑩不要使用大量的垃圾词语。

4.如何设置运费模板

（1）如何设置部分地区包邮

如果对不同地区设置不同的运费可进入"卖家中心"→"物流管理"→"物流工具"→"运费模板"运送方式中设置为"指定地区城市设置运费"，如图4.2.2所示。

图4.2.2 运费模板设置页面

（2）如何设置指定条件包邮

指定条件包邮是指可以设置店铺商品满足一定的条件提供包邮服务，如满5件包邮，满50元包邮等。卖家可进入"卖家中心"→"物流管理"→"物流工具"→"运费模板"中直接操作设置，如图4.2.3所示。

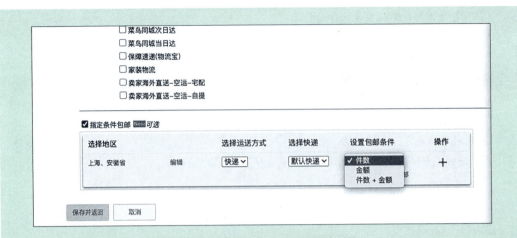

图4.2.3 设置指定条件包邮

（3）如何设置店铺内的部分商品包邮

进入"卖家中心"→"物流管理"→"物流工具"→"运费模板"中直接操作设置运费模板，然后在商品编辑中选择对应的包邮运费模板即可。

（4）如何修改运费模板

进入"卖家中心"→"物流管理"→"物流工具"→"运费模板"找到对应的运费模板直接点击"修改"按钮即可，如图4.2.4所示。

图4.2.4 修改运费模板

（5）如何删除运费模板

进入"卖家中心"→"物流管理"→"物流工具"→"运费模板"中直接操作设置。找到对应的运费模板直接点击"删除"按钮即可，如图4.2.5所示。

图4.2.5 删除运费模板

如果遇到运费模板无法删除的情况，建议先检查是否所有商品都没使用这个模板，通常这个问题是因为该模板还在使用中的缘故导致的。若所售商品因为违规导致下架，该商品绑定的运费模板不支持删除。

活动实施

📋 **做一做**　发布商品到淘宝卖家平台。

步骤1：登录淘宝千牛卖家中心页面，点击"商品"→"发布宝贝"超链接，如图4.2.6所示。

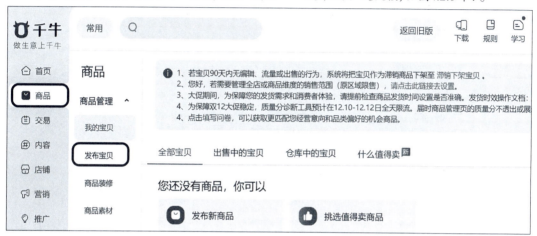

图4.2.6　淘宝千牛卖家中心页面

步骤2：在上传商品主图部分，点击"添加上传图片"按钮，将已经准备好的5张商品主图上传到图片空间，并将主图添加到"上传商品主图"区域。如图4.2.7所示。

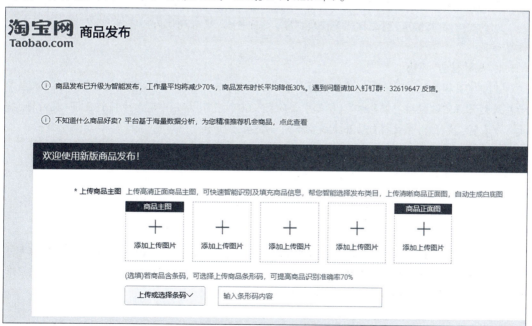

图4.2.7　上传商品主图页面

步骤3: 在确认商品类目部分, 在搜索框录入关键词"猕猴桃", 点击"搜索"。系统会自动推荐产品类目"水产肉类/新鲜蔬果/熟食/新鲜水果/奇异果/猕猴桃", 选择此类目并点击页面下方"下一步, 完善商品信息"按钮, 如图4.2.8所示。

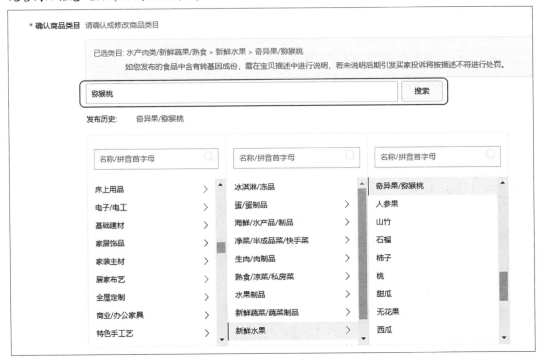

图4.2.8　上传商品类目搜索页面

步骤4: 此时页面跳转到商品发布页面。需按照页面要求填写商品基础信息、食品安全、销售信息、支付信息、物流信息。图文描述等模块内容, 页面中标"*"号的均为必填项。各个模块具体内容设置如下。

1. "基础信息"模块

(1) "宝贝标题"为必填项, 为产品设置一个产品标题, 如"花垣县绿心猕猴桃新鲜孕妇水果当季奇异果大果正宗猕猴桃整箱包邮"(标题中最多录入60个字节, 标题中请勿使用制表符、换行符, 若填入制表符、换行符, 系统将自动替换成空格), 如图4.2.9所示。

图4.2.9　上传商品宝贝标题设置

(2) "导购标题"为选填项, 在不影响商品在搜索排序的前提下, 会优先在搜索、详情、购物车、直播等场域, 替代原长标题优先展示。为了方便消费者了解商品, 提升商品转化率, 建议填写简明准确的标题内容, 避免文字重复表达, 如图4.2.10所示。

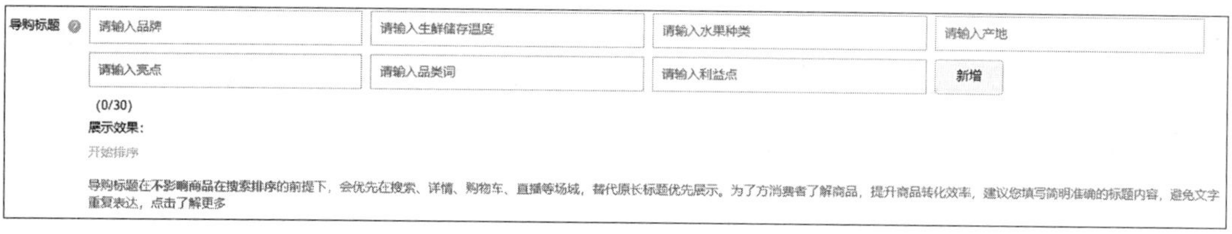

图4.2.10　上传商品导购标题设置

（3）"类目属性"为必填项，根据实际情况填写产品的重要属性，属性填写越完整，越有可能增加搜索流量，也越有机会被消费者关注购买，如图4.2.11所示。

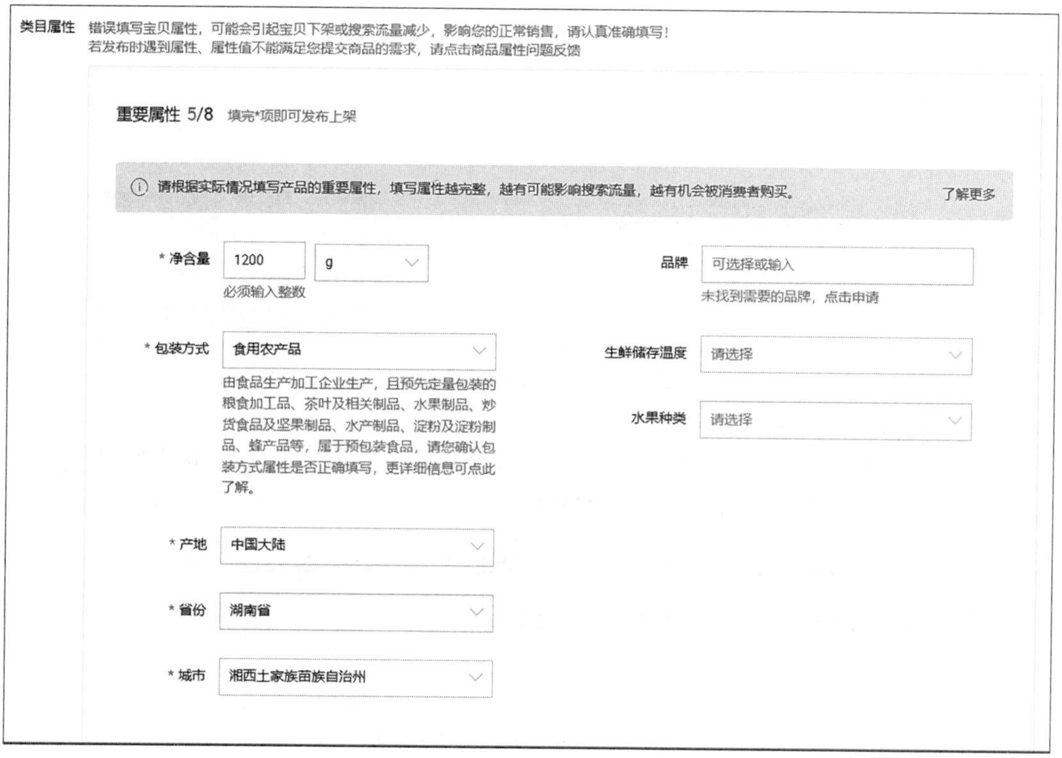

图4.2.11　上传商品属性设置

（4）"宝贝类型"为必填项。由于所售商品猕猴桃为新鲜水果类商品，因此默认为全新商品，如图4.2.12所示。

图4.2.12　上传商品宝贝类型设置

（5）"商品资质"为选填项。如果上传商品标签图片信息，将有机会优先在PC和手淘端将此产品展现给买家，如图4.2.13所示。

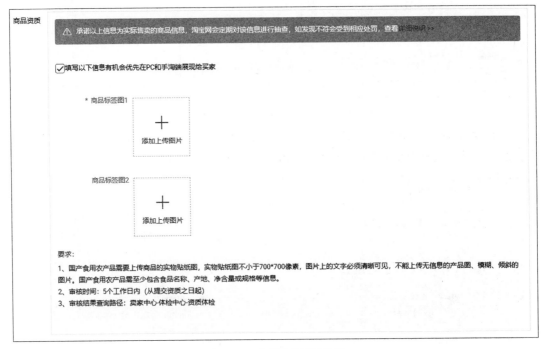

图4.2.13　上传商品资质设置

（6）"采购地"为必填项，根据实际填写即可。

（7）"店铺中分类"为选填项，如果你已经为自己的店铺设置了商品组，可为不同的商品选择不同的商品组；如果没有设置，可以不选，如图4.2.14所示。

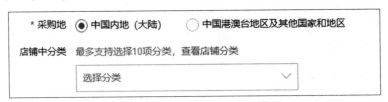

图4.2.14　上传商品店铺分类设置

2."食品安全"模块

由于在基础信息中，水果类商品的包装方式选择的是"食用农产品"，因此不用填写食品安全的内容。但如果是包装或者散装的食品类商品，则需要按要求填写具体的食品安全信息，如图4.2.15所示。

3."销售信息"模块

（1）"单箱规格"为必填项。销售的商品为猕猴桃，通常都是按照每箱装多少个进行售卖，因此选择对应包装的数量即可。

（2）"单果重量"为必填项。根据不同的规格，单果重量是不同的，因此根据实际情况选择即可。

（3）"宝贝销售规格"为必填项。在标题栏中输入或选择内容可以进行筛选和批量填充。

（4）"一口价"为必填项。根据实情填写即可。

（5）"总数量"为必填项。当在宝贝销售规格栏中设置好计划销售数量以后，此处将默认为所设置的数量。

食品安全

* 生产许可证编号	淘宝网将提醒消费者购买带有生产许可证编号的商品，目前支持生产许可证号QS或者SC，填写示例：QS123456789012或SC12345678901234	
		0/50
产品标准号		0/50
* 食品添加剂		0/100
* 厂名		0/100
* 厂址		0/400
	以下信息请按照商品包装显示填写，厂名厂址会在填写生产许可证编号自动匹配国家网信息。	
* 厂家联系方式		0/50
* 配料表		0/200
* 保质期	天	
	【保质期≤30天短保商品，发货请注意检查保质期】	
* 储藏方法		0/100
* 供应商		0/50
* 进货日期	年-月-日　·　年-月-日	
	进货日期不能早于生产日期查看规则	

图4.2.15　上传商品食品安全设置

（6）"商品编码"为选填项，如有需要可根据实际情况填写，如图4.2.16所示。

基础信息　　食品安全　　**销售信息**　　物流信息　　支付信息　　图文描述　　售后服务

销售信息　　**存为新模板**　　第一次使用模板，请 点此查看详情 学习

* 单箱规格	请输入自定义值	**+ 添加**

- [ ] 10个装　　[ ] 11个装　　[ ] 12个装　　[ ] 13个装
- [ ] 14个装　　[ ] 15个装　　[ ] 16个装　　[ ] 18个装
- [ ] 20个装　　[ ] 21个装　　[ ] 22个装　　[ ] 23个装
- [x] 24个装　请输入备注　　[ ] 25个装　　[ ] 27个装　　[ ] 28个装
- [ ] 2个装　　[ ] 30个装　　[ ] 31个装　　[ ] 32个装
- [ ] 33个装　　[ ] 34个装　　[ ] 3个装　　[ ] 4个装
- [ ] 5个装　　[ ] 6个装　　[ ] 7个装　　[ ] 8个装
- [ ] 9个装

开始排序

* 单果重量	请输入自定义值	**+ 添加**

图4.2.16　上传商品销售信息设置

4.“支付信息”模块

（1）“付款方式”为必填项。有一口价和预售模式可选。根据实际情况选择一口价模式。

（2）“库存减扣方式”为必填项。有买家拍下减库存和买家付款减库存可选。根据实际情况选择买家付款减库存。

（3）“售后服务”为选填项。可根据实际情况钩选“提供发票”和“退换货承诺”，如图4.2.17所示。

图4.2.17　上传商品支付信息设置

5.“物流信息”模块

（1）“提取方式”为必选项。通常情况下，需要事先设置好“物流模板”，此处直接选取物流模板即可。

（2）“区域限售”可选“不设置商品维度区域限售模板”和“选择商品维度区域限售模板”，如果没有限售区域，则默认选择“不设置商品维度区域限售模板”即可，如图4.2.18所示。

图4.2.18　上传商品物流信息设置

6.“图文描述”模块

（1）“电脑端宝贝图片”为必填项。宝贝主图大小不能超过3MB；700像素×700像素以上图片上传后宝贝详情页自动提供放大镜功能。如果有主图视频，可以在此处上传主图视频，建议上传30 s以内短视频，且突出1或2个核心卖点的视频。

（2）“详情描述”为必填项。通常在此处上传事先制作好的商品详情描述图片。

（3）“上架时间”为必填项。有“立刻上架”“定时上架”和“放入仓库”可选，通常默认选择立刻上架，如图4.2.19所示。

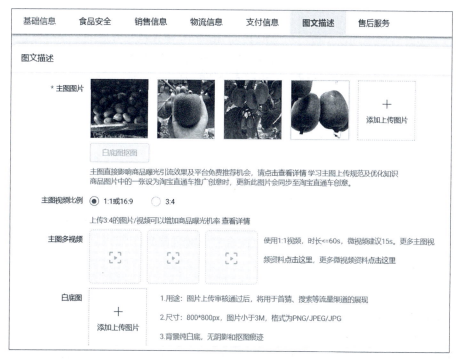

图4.2.19　上传商品图文描述设置

步骤5：当完成以上商品内容后，点击页面下方的"发布"按钮。此时商品发布成功，可从"商品"→"我的宝贝"中查看到已发布商品。

步骤6：通过互联网分别收集猕猴桃、橙子、柚子、开心果、核桃4款商品的图文素材，并为店铺设置合理的商品类目。

步骤7：通过Excel表格制作产品信息表，表格中需包含每款商品的产品编号、标题、采购价格、快递费用、出售一口价、单位重量、库存数量、是否备好主图、是否备好详情图等信息，见下表。

产品编号	标　题	采购价格	快递费用	出售一口价	单位重量	库存数量	是否备好主图	是否备好详情图
P01								
P02								
P03								
P04								

步骤8：根据"步骤6"中整理的素材和"步骤7"中完成的"产品信息表"，将4款商品发布到淘宝网。

活动小结

本次活动教师提供操作范例,团队在教师的指导下,掌握淘宝开店的步骤和设置方法,解决开店过程中的种种问题,从而能够更好地运营农村电商网店。此次任务培养团队交流与合作的意识,培养提升团队、协作的团队意识和沟通合作能力,增强团队成员的创业情怀,培养综合运营能力。

活动2　设计农产品网店首页

活动背景

龙海燕团队目前已经注册了自己的网店,并且将自家的产品上传到了自家的淘宝网店上进行销售,但作为一家主打农产品的网店,光有鲜亮的产品页面是不够的,它还要拥有设计精美、风格独特的网店首页。这就需要团队成员相互配合完成网店首页的设计与装修,这样才能够提升店铺的专业度,吸引更多的消费者。

🗒 知识窗

网店首页装修需考虑的5大问题

1.设计简洁大方的logo

简洁大方的logo更容易被买家识别,更容易记住。在进行店铺首页设计的时候,logo的设计必不可少。因此,在店铺装修之前应该考虑并设计一个容易识别logo。

2.设计方便买家浏览的导航栏

首页导航栏是为了给买家浏览店铺指明方向的路标,所以店铺首页导航栏的设置是店铺产品类别最精准的描述。设置导航栏时应该避免类目重叠。例如导航栏有男装这个类目,就直接在二级导航展开即可,没必要再画蛇添足地多加一个男裤的类目。

3.添加站内搜索框

通常情况下,在买家浏览店铺首页时,如果通过导航栏的指引并不能找到自己想要的商品时,买家可能会通过店铺内搜索来查找是否有想要的商品。因此,我们需要考虑添加一个店内导航栏来提升买家的用户体验。

4.设置图文并茂的首页展示商品图

每个店铺都会有其主营的商品,也一定会在首页展示出来。店铺首页展示的商品位其实可以理解为一个个的产品初创展位,因此在设置首页主营商品展位的图片时,应在图片上添加少量文字。如可添加商品名称、营销类话术等文字内容,已达到图文并茂的效果。但是也不能添加过多的文字,那样往往也会起到反作用的效果。

5.不可缺少的帮助中心

多数店铺都会专注在首页展示主营产品,但往往忽略了另外一个重要的部分-帮助中心。在此部分中将买家可能遇到的问题展示出来,例如售后保障、品质保障等。可以给买家带来温暖的感觉,增加买家的存在感和重视感。这通常也是很多买家下单的一个重要理由。

活动实施

📋 **做一做**　创建网店的PC端首页和移动端首页。

步骤1：登录"千牛卖家中心"，进入"店铺"→"店铺装修"→"PC店铺装修"页面，如图4.2.20所示。

步骤2：在此页面可以看到"基础页""宝贝详情页""宝贝列表页""自定义页"等选项卡，各选项卡之间可以相互切换查看不同页面列表。我们的任务是装修首页，因此选择"基础页"选项卡，在下面页面列表中找到首页，点击右边对应的"页面装修"按钮，如图4.2.20所示。

图4.2.20　千牛卖家中心PC店铺装修页面

步骤3：选择页面模板。进入页面装修的编辑页面以后，在页面上方找到"页面管理"→"模板管理"按钮，如图4.2.21所示。点击进入"模板管理"页面以后，可以看到系统自带的3种模板，可以选择其中任意一个适合自己店铺的模板。点击"马上使用"按钮即可选择，如图4.2.22所示。

图4.2.21　页面装修设置页面

图4.2.22　模板管理页面

步骤4：设置模板配色。在店铺装修页面,点击"配色"按钮,在弹出的整体配色方案中有不同的配色方案可供选择。可以结合自身店铺需求,选择适合自己的配色方案。当选中配色方案以后,点击页面右上角"发布站点"按钮,如图4.2.23所示。

图4.2.23　模板发布

步骤5：设置页面背景。点击店铺装修页面左边的"页头"按钮，在弹出的页头设置中，可以通过点击"页头背景色"右边的色块，在弹出的调色器中选择所需的页头背景色。选择的同时，右边页头部分的编辑页面将会同步出现所选择的页头背景色，如图4.2.24所示。

图4.2.24　设置页面背景

也可以点击"页头背景图"区域的"更换图"按钮，在弹出的对话框中，导入预先准备好的页头背景图片，图片要求格式为GIP、JPG、PNG格式，文件大小在200 kB以内，如图4.2.25所示。

图4.2.25　更换页面背景图

待设置好页面背景以后，点击页面右上角"发布站点"按钮即可发布。同理，可以根据店铺需求继续设置页面背景并发布。

步骤6：设置页面模块。点击店铺编辑页面左边的"模块"按钮，左边弹出的是模块选框，右边是模块预览页面，可根据页面需求点击模块选框中的各个模块，并拖动到右边预览页面里面合适的位置，然后松开鼠标左键即可完成模块添加，如图4.2.26所示。

图4.2.26　设置页面模块

步骤7：当完成以上所有页面装修的工作，可点击预览查看页面是否符合预期，并点击"发布站点"按钮将页面发布。

步骤8：接下来，继续创建手机端首页页面，登录"千牛卖家中心"，进入"店铺"→"店铺装修"→"手机店铺装修"页面，如图4.2.27所示。

图4.2.27　千牛卖家中心手机店铺装修页面

步骤9：在页面列表找到"系统默认首页"，并点击该页面的"装修页面"按钮，进入装修编辑页面，也可以直接点击"+新建页面"按钮，创建一个新页面并进行编辑，如图4.2.28所示。

图4.2.28　创建新页面设置

步骤10：在"官方模块"选择合适的模块，并将选中模块拖到右边编辑框。将已选中的模块按顺序排版，并在下表填入所选中的模块名称。

编　号	模块名称

步骤11：整理各模块所需的图文等素材，并按照模块编辑要求完成各个模块的内容编辑。

步骤12：当完成以上页面装修的工作以后，可点击页面右上角"预览"查看页面是否符合预期，或点击"发布"按钮将页面发布。

活动小结

通过学习网店首页的设置方法与技巧，掌握农村电商开店的网店首页装修的要领，从而能够吸引更多的流量来点击本店。此次活动培养团队交流与合作的意识，培养规范设计能力。

活动3　处理农产品网店订单

活动背景

龙海燕团队已经完成了产品上传和网店装修任务，并通过网店推广获得了持续的订单。但一家网店如何高效处理订单，在网店常态化运营以后则变得尤为重要。这就需要团队成员有专人负责每天的订单处理。

🗔 知识窗

1.如何修改订单价格

并不是每次买家拍下商品后都以所拍价格成交，如果买家与卖家在下单前已经通过协商达成了成交价格，卖家可以指引买家先通过商品链接拍下商品但不要付款，此时卖家可以在订单列表中的"等待买家付款页面"看到此订单，如图4.2.29所示。

图4.2.29 修改商品价格

此时,点击此订单右边的"修改价格"按钮,在弹出的修改价格对话框中,可以输入涨价或者折扣的具体金额,也可以通过实际情况修改快递费。当修改完成以后点击"确定"按钮即可,如图4.2.30所示。价格修改完成,买家在付款页面刷新页面即可看到更改以后的付款页面。

图4.2.30 修改商品价格页面

2.如何修改订单收货信息

当买家拍下订单并且付款以后,根据淘宝网规定,卖家只需要在两天以内发货即可。因此,卖家通常会在买家拍下订单的当天晚上发货。如果买家已付款,卖家还未发货的时候,买家是可以联系卖家修改商品的收货信息的。买家再次跟卖家确认新的收货信息以后,卖家可以通过千牛卖家后台修改收货地址。

(1)可通过"交易"→"订单管理"→"已卖出的宝贝"进入订单列表,找到对应的订单,然后点击"详情"按钮进入订单详情页,在订单详情页点击"修改收货地址"按钮,系统将会弹出地址修改对话框,在此对话框重新填写新的收货信息即可,如图4.2.31所示。

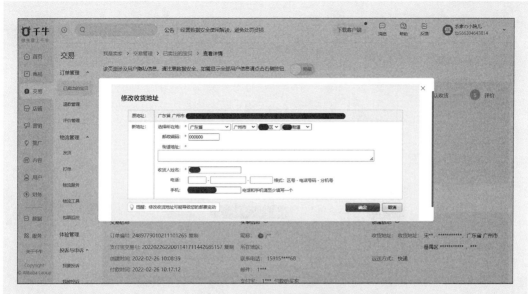

图4.2.31　修改收货地址页面

（2）也可以通过"交易"→"物流管理"→"发货"进入发货订单列表，找到对应的订单，然后点击修改图表按钮，如图4.2.32所示。

图4.2.32　修改收货地址设置

此时将会弹出修改地址对话框。在这里可以通过两种方式修改地址，一种是智能修改，另一种是手动修改。智能修改只需要将和买家确认的收货信息全部粘贴到指定对话框，系统将会自动核对并确定详细的收货信息。如果智能修改的信息不能满足修改需求，还可以直接通过手动修改完成，如图4.2.33所示。

图4.2.33　智能修改收货地址页面

活动实施

📋 **做一做**　处理淘宝店铺订单。

步骤1：登录千牛卖家平台，点击"交易"→"订单管理"→"已卖出的宝贝"按钮，可以进入订单列表页面。此时可以查看所有订单，如图4.2.34所示。

图4.2.34　订单列表页面

步骤2：点击"等待发货"按钮，此时看到的订单均为买家已付款但还未发货的订单。通常我们会在每天的固定时间段，如下午5至6点处理当天买家已付款的订单。我们会通过点击每个订单的"详情"按钮,进入每个订单详情页面来核对买家信息,如图4.2.35所示。

图4.2.35　查看订单详情

步骤3:当进入每个订单的详情页面以后,可以看到每个订单的交易信息、买家信息、物流信息、所拍的商品信息等。此时需要通过阿里旺旺向买家确认订单信息是否有误,尤其是发货的物流信息和商品信息,如图4.2.36所示。

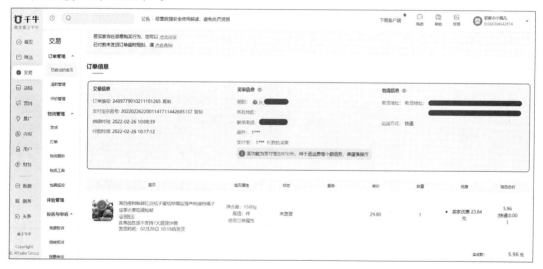

图4.2.36　订单详情页面

步骤4:当我们和买家确定完成所有的订单信息之后,要对所有订单进行打单。在千牛卖家平台,点击"交易"→"物流管理"→"打单"按钮,可以看到所有待发货订单。选中后点击页面下方的"仅打单"按钮,打印发货单,如图4.2.37所示。

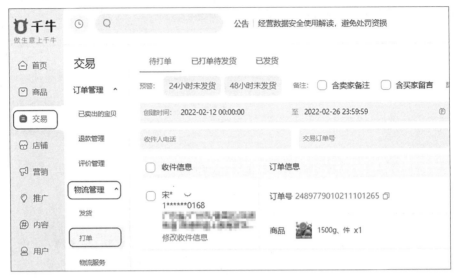

图4.2.37 打印发货订单

步骤5：根据打印发货单备货，打包货物并填写或打印快递单。

步骤6：在千牛卖家平台，点击"交易"→"物流管理"→"发货"按钮，在弹出的页面中，找到要发货的订单信息，点击所对应订单右边的"订单发货"按钮，如图4.2.38所示。

图4.2.38 订单发货

步骤7：此时将跳转到订单的发货页面，在此页面我们将看到确认订单信息、确认发货/退货信息、选择发货方式等信息。发货方式选择，有自己联系物流、在线下单、无须物流和官方货运4种方式，我们可根据店铺需求选择合适的方式，如选择自己联系物流。然后将此订单的快递单号直接录入下面"添加物流单号"的对话框内。为了提升效率，我们通常是用扫码枪直接将单号通过扫码录入对话框。待一切录入完毕后，点击"确认发货"按钮，系统上操作发货成功。此时我们只需等待快递公司上门收取当天所发订单的包裹即可，如图4.2.39所示。

图4.2.39　发货成功展示页面

活动小结

通过完成农村电商网店订单的处理,掌握农村电商网店运营的实战技巧,从而能够更好开展网店生产经营。此次活动培养团队交流与合作的意识,强化成本管理意识,提升学生经营的敏锐性与洞察力,培养综合操作能力。

项目检测

1.判断题

(1)在淘宝网注册个人店铺,一个身份证只能注册一家个人店铺。　　　　　　(　　)

(2)在淘宝网注册企业店铺,一个企业法人代表只能注册一家企业店铺。　　　(　　)

(3)在淘宝上发布农产品,标题可以出现半角符号和表情符号。　　　　　　　(　　)

2.单选题

(1)淘宝卖家上传商品时,主图大小不能超过(　　)MB。

　　A.2　　　　　　　　　B.3　　　　　　　　　C.4　　　　　　　　　D.5

(2)淘宝店铺名称最多(　　)个字符,(　　)个汉字,一个标点符号是一个字符,1个汉字是2个字符。

　　A.60;30　　　　　　　B.40;20　　　　　　　C.80;40　　　　　　　D.20;10

(3)某农户在淘宝开店售卖农产品,在设置商品标题时,以下符合标题设置规则的是(　　)。

　　A.不能出现和商品不符的关键词

　　B.可以设置"全国第一""最大"等关键词

　　C.可以添加他人品牌名称作为关键词

　　D.不可以使用商品类目作为关键词

3.多选题

(1)淘宝卖家发布商品时,标题是需要和当前商品的类目、属性是需要一致的。例如,出售的是新鲜苹果,标题中则不可出现如下哪些关键词?(   )

  A.新鲜苹果   B.苹果干   C.山东苹果   D.苹果醋

(2)某农户在淘宝开店售卖农产品,在发布农产品商品时,设置商品标题的原则有哪些?(   )

  A.同类商品标题不可以完全相同

  B.标题中不要有意放置堆砌关键词

  C.不要刻意使用特殊符号

  D.标题中写出主要类目及属性

(3)以下哪些活动属于店铺装修?(   )

  A.确定店铺风格

  B.规划页面布局

  C.编辑装修模块

  D.店铺基础信息设置

4.简述题

(1)简述淘宝卖家的开店流程。

(2)简述淘宝卖家收到买家订单后如何处理订单。

项目 5
运营农村电子商务新媒体

项目综述

龙海燕闲暇时刷短视频,偶然看到一位广西的大姐卖柿子饼的短视频,大姐家里种了很多柿子树。成熟时节,一棵棵柿子挂满枝头,红彤彤的,鲜艳又可爱。龙同学发现很多人在咨询果园的地址,有一部分人提出想要购买柿子。龙同学也进行了咨询,果农大姐很热情地介绍自家果园,回答了各种问题,并在最后告知观众下单购买可以先试吃再付款。短视频中,果农大姐全方位展示自家的果园,加上优惠的促销活动,这给她带来了不少订单。通过这次接触短视频,同学们了解到农村电商推广引流的重要途径,可以通过短视频、直播等新媒体方式开展营销。那么如何运用到他们的网店上来呢?

项目目标

通过本项目的学习,应达到的具体目标如下:

素质目标
◇培养学生严谨、细致、实事求是的职业态度和职业素养;
◇培养自主探究学习的精神和信息处理能力;
◇培养学生维护网络文明和谐的意识;
◇培养学生知农、爱农、助农的情怀。

知识目标
◇了解直播团队岗位;
◇理解单品直播脚本五步法;
◇了解整场直播策划的要素;
◇了解短视频对农村电商的价值;
◇了解抖音短视频平台的玩法。

能力目标
◇能结合直播主题做好人员安排和实施策划;
◇能撰写单品直播脚本;
◇能策划整场农产品直播;
◇能制作农产品短视频。

▣ 项目思维导图

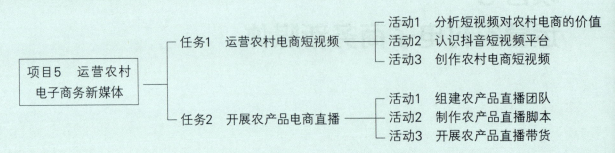

>>>>>>> 任务1
运营农村电商短视频

情境设计

宋老师告诉同学们，纵览短视频内容生态，以农民为主的草根创作者，在农村拍摄创作的以原生态地理风貌、风土人情、美食特产等为主要内容的"三农"类短视频在各大平台越来越火。那么他们为何被受众所喜爱，又到底如何进行制作和运营呢，我们将从多个角度进行分析和探讨。

任务分解

为成功销售家乡的农产品，龙海燕团队得到学校支持并在宋老师的指导下了解农村电商，并准备创作关于农村生活、农产品等题材的小视频，发布到网络上。

概括起来就是3件事：分析短视频对于农村电商的价值；认识抖音短视频平台的玩法；创作农村电商短视频。

活动1　分析短视频对农村电商的价值

活动背景

龙海燕团队在开设网店销售农产品之后，他们还想通过多种渠道扩大影响力，增加销售量。他们在了解了目前电商市场的推介方式后，打算尝试短视频平台去进行销售。

▤ 知识窗

1.短视频概念

短视频是一种新型视频形式，其视频长度以"秒"计数，主要依托于移动智能终端实现快速拍摄和美化编辑,可以在社交媒体平台实时分享和无缝对接。短视频融合了文字、语音和视频,可以更加直接、立体地满足用户表达、沟通需求,满足人们展示和分享的诉求(见图5.1.1)。

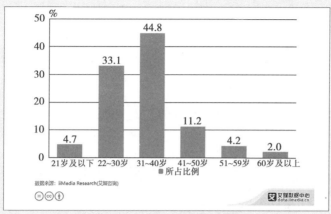

图5.1.1 2021年短视频用户年龄结构

2.短视频特征

①长度基本保持在10分钟以内。

②整个视频内容的节奏比较快。

③视频内容一般比较充实、紧凑。

④比较适用于碎片化的消费方式。

⑤主要通过网络平台传播。

3.短视频类型

(1)图文配合

采用图片加文字的形式,添加音乐,能根据自动的卡点展示内容(见图5.1.2)。部分电视台常采用这样的方式,如房地产市场出现大新闻,媒体从业人员拍了新闻对应的楼盘后,将新闻文字放入视频中让用户阅读,再配上一段音乐。这种方式的制作成本较低,属于初级的一类。

图5.1.2 图文配合短视频展示界面

(2)剪辑解说

剪辑解说方式的声音是出镜的,但画面采用其他素材拼接而成。例如,哔哩哔哩平台"五分钟电影汇"（见图5.1.3），采用几分钟时间向用户讲解电影，用户只需要花上7~8分钟，就可以把一部2~3个小时的电影看完。制作者会反复精简文稿，每一个文稿独立性较强，把对应的电影画面剪切在一起。还有部分财经号，也会采用这样的方式，如讲解GDP增长时，用图片或动画来配合制作。

图5.1.3 剪辑解说短视频展示界面

（3）真人口播

在视频里面可以看到大量真人口播的类型。人物坐在镜头前面，采用正对镜头、斜对镜头或模拟采访的方式。它们的共同特点在于人物在镜头面前独白。例如，在抖音平台，我们可以看到大量真人口播的账号，遍及各个领域。

（4）剧情系列

通过短视频去讲小故事（见图5.1.4）。有的剧情类短视频看上去是一个美食节目，实际是一个剧情。它从最开始的播种到采摘，然后再到制作的过程，实际上是一步一步推进的。还有很多美食短视频采取类似的方式，有些情感号也采用剧情讲述小故事，屏幕前的观众可以跟着主角的感受去走，随后讲解主角的心路历程，诸如此类都是剧情系列。

图5.1.4 剧情系列短视频展示界面

4.常见平台短视频分类

抖音短视频分类：科普类、教育类、才艺类、生活类、段子类、美食类、"鸡汤"类、街头访谈类、时尚美食类等。

快手短视频分类：颜值类、才艺类、"鸡汤"类、教学类、搞笑类、生活类。

西瓜视频分类：音乐类、财经类、影视类、生活类、美食类、分享类、综艺类等。

5.短视频如何助力农村电商

（1）强有力地推动农产品上行

短视频的普及降低了优质农产品的传播门槛，给农产品的销售带来新的机遇。辛勤劳作的农人、一线的产业链工作人员，在短视频的镜头里，都成了主角，他们的故事得到分享（见图5.1.5）。短视频传播打破了城乡之间的地理隔阂，让果蔬等农产品主产地有了向外展示产品的机会，以极低的成本吸引外界关注，打开新的市场，最终实现农业变现、经济增收。再加上由于短视频的易分享性，内容更易形成裂变式的传播，俨然成了品牌强有力的广告宣传方式。

图5.1.5　电商直播助农

（2）传播速度快，覆盖范围广

用户在观看短视频并进行互动的过程中，可以点赞、评论和转发。一条内容精彩的短视频，若能引发广大用户的兴趣并被他们积极转发，就很有可能达到病毒式传播的效果。短视频平台除了通过自身平台转发和传播外，还可以与微博、微信等社交平台进行合作，将内容精彩的短视频通过流量庞大的微博或微信朋友圈进行分享，进而形成更多的流量，推动短视频传播范围的进一步扩大。

（3）数据效果可视化

短视频营销比之传统营销的一个明显特点，就是可以对视频的传播范围及效果进行数据分析。如点赞量、关注量、评论量、分享量等。不管是哪一类短视频，都能直观地看到播放量、评论量等数据。运营者可以通过数据分析，及对标账号，行业竞争对手等数据观察，掌握行业风向，调整并及时优化短视频内容，从而达到更好的营销效果。

活动实施

⊟ **做一做**　利用短视频平台进行农产品宣传。

步骤1：4人为一组，进行学习并讨论，分辨下方表格内的图标分别是哪一个短视频平台，并说出它们的特点，填入下表。

图 标	平台名称	特 点	活跃用户数	注意事项
视频号				

步骤2：在抖音App、快手App和西瓜视频分别找出有关水果的热门账号，按照分类填入下表。

视频分类	短视频账号	视频标题	点赞数	视频平台
"吐槽"段子类				
解说类				
时尚美妆类				
文艺清新类				
萌宠类				

续表

视频分类	短视频账号	视频标题	点赞数	视频平台
人生共鸣类				
搞笑类				
生活分享类				
街头访谈类				
美食类				
创意剪辑类				
区块链知识类				

步骤3：浏览步骤1表格内的短视频平台，选择农产品类短视频进行观看，浏览观看后，选择小组认为在农产品类短视频制作较好的账号，填入下表。

平台名称	关注的账号昵称	账号内容类型	粉丝数

活动小结

通过分析各大短视频平台农村电商的不同题材的热门短视频，培养学生严谨、细致、实事求是的职业态度和职业素养，培养学生知农、爱农、助农的情怀。

活动2　认识抖音农产品营销平台

活动背景

龙海燕团队在了解电子商务的新媒体时，看到一个叫"水果哥"的抖音网红通过短视频平台进行销售,不仅叫卖方式独特,还能用英语与外国友人沟通。也许是因为这样的反差萌,水果哥收获了大批粉丝的关注,抖音粉丝高达600万,而其所卖的产品也深受粉丝欢迎。龙海燕团队看到后想,怎么做也可以有这样多粉丝呢?

📖 **知识窗**

1.短视频平台的"养号"

在正式开始发布内容前,最好先养号3~5天,主要目的是增加账号的初始权重。养号就是模拟真人行为,点赞、关注、评论、分享、看直播。

2.短视频常见的两种格式

横屏显示比例是16:9,分辨率是1 080像素×1 920像素,竖屏显示比例是9:16,分辨率是1 920像素×1 080像素。另外,由于平台上传内容要求视频压缩,建议上传之前先对视频进行修复,以降低视频上传后的模糊度。

3.开通1分钟长视频权限

根据抖音规定账号需要有1 000粉丝且需要申请才能开通发布1分钟长视频(见图5.1.6)。

4.开通电商橱窗功能

抖音平台规定需要粉丝量≥1 000人,而且个人主页视频数≥10条的实名认证账号,就可申请商品分享功能。商品分享功能包含橱窗商品分享、视频商品分享功能和直播商品分享功能。申请开通该功能有3个入口,分别在个人主页、任意电商达人橱窗和"电商小助手"私信页。

5.获得直播权限

●个人:目前抖音个人开直播条件需要4 000的粉丝,但是并不是拥有了4 000的粉丝量就可以开通直播,这个粉丝的数量是根据抖音平台上是否有违规操作的事件存在,如果有过违规行为,开通抖音直播所需要的粉丝量是会增加的。

●商家:抖音对商家的粉丝和视频都没有要求,只对店面的法人进行实名认证,并缴纳500元保证金即可(见图5.1.7)。

图5.1.6 申请开通1分钟长视频权限界面

图5.1.7 抖音店面法人实名认证界面

活动实施

随着移动互联网的普及，短视频平台成为了农产品推广的新渠道。其中，抖音作为国内最火爆的短视频平台之一，拥有着庞大的用户群体和强大的传播力，成为了农产品推广的热门选择。那么，农产品如何在抖音上进行推广呢？

🖥 **做一做**　注册一个抖音账号。

步骤1：4人为1个小组，下载抖音App后注册账号，并填入下表。

组员名字	抖音号	抖音昵称

步骤2：请在下表填入合适的抖音短视频营销方式。在抖音上进行农产品推广，可以选择多种营销方式。例如，可以通过抖音直播进行产品展示和销售，直播时可以邀请专业人士进行产品介绍，增加产品的可信度和吸引力。同时，也可以通过抖音挑战赛、抖音话题等方式进行推广，吸引更多用户的关注和参与。

营销方式	所能达到的效果
直播	
短视频	
其它形式	

活动小结

通过注册抖音短视频账号，培养团队成员协作能力，形成认真负责的职业态度，培养团队职业价值感与使命感，为乡村振兴添砖加瓦。

活动3　创作农村电商短视频

活动背景

龙海燕团队开了抖音账号后，他们就开始创作自己的农村类的短视频作品。他们找到了宋老师，想要了解制作短视频所需要用到的软硬件设备有哪些，以及如何创作短视频。

🖥 **知识窗**

1.短视频的创作方法

（1）策划好短视频内容

巧扣热点，体现新农村新风貌，乡情就是日常生活，简洁化、场景化。

（2）设置好短视频标题

一是让用户有观看的冲动，标题内容精简、完整的描述，或留下悬念等表现形式都可以提升用户对视频的关注度；二是让平台推荐到精准用户，很多短视频平台的推荐机制是机器审核+人工审核。

（3）选取好短视频封面

一般情况下，都将短视频的核心内容，如场景、事件现场、人物、事件主体作为封面。

（4）配置好短视频背景音乐

对于一个视频来说，听觉感知是非常重要的一环。在短视频中，创作者通过人声讲解内容、建立人设，同时通过音乐带动内容、唤起受众情绪。

2.短视频拍摄与剪辑

（1）短视频拍摄设备（见图5.1.8）

图5.1.8　短视频拍摄设备

（2）短视频剪辑软件优缺点的比较

①快剪辑。"快剪辑"是一款功能齐全、操作简捷、可以在线边看边剪的免费PC端视频剪辑软件（见图5.1.9）。

图5.1.9　"快剪辑"软件界面

②剪映。"剪映"是由抖音官方推出的一款手机视频编辑工具（见图5.1.10），可用于手机短视频的剪辑制作和发布。常用的功能包括分割、变速、音量、变声、降噪。剪辑的方式有两种：一种是拖动首尾，截取想要的部分；另一种是拖动时间线，在需要的部分分割进行保留。

图5.1.10 剪映软件界面

③爱剪辑。"爱剪辑"是一款易用且功能强大的视频剪辑软件（见图5.1.11），也是国内首款全功能的视频剪辑软件，其操作简单、功能强大、速度快、画质好，具有多种文字特效，还有上百种风格滤镜。

图5.1.11 "爱剪辑"软件界面

活动实施

📋 **做一做** 拍摄并制作一个农产品短视频。

在短视频拍摄之前需要将拍摄内容罗列出来，选择拍摄提纲脚本，大多是因为拍摄内容存在着不确定的因素。拍摄提纲比较适合纪录类和故事类短视频的拍摄。

在拍摄提纲的基础上增添了一些细节内容，使脚本更加丰富、完善。它将拍摄中的可控因素罗列出来，而将不可控因素放置到现场拍摄中随机应变，所以在视觉和效率上都有提升，适合一些不存在剧情、直接展现画面和表演的短视频的拍摄。

分镜头脚本（见表5.1.1）的创作必须充分体现短视频故事所要表达内容的真实意图，还要简单易懂，因为它是一个在拍摄与后期制作过程中起着指导性作用的总纲领。此外，分镜头脚本还必须清楚地表明对话和音效，这样才能让后期制作完美地表达原剧本的真实意图。参考热门视频案例，根据知识链接写出短视频拍摄脚本。

表5.1.1　分镜头介绍

镜头角度	镜头速度	镜头焦距	镜头切换
●鸟瞰式 ●仰角式 ●水平式 ●倾斜式	●让短视频更加有节奏感 ●特定情境使用不同的镜头速度	●长焦镜头 ●短焦镜头 ●中焦镜头	●把握视频节奏 ●选择视频中转折部分作为前后的衔接点 ●考虑前后的逻辑性

步骤1：4人为1组，参考热门农产品视频案例，根据知识链接写出短视频拍摄脚本，并完成下表。

序　号	景　别	画面内容	字　幕	时　间	镜头运动

步骤2：讨论、确认团队成员在制作短视频活动中的分工，并完成下表。

序　号	活动内容	负责人	备　注
1	视频内容构思		
2	分镜头稿本（每个镜头的画面、解说词等）		
3	拍摄视频素材		
4	素材剪切		

续表

序　号	活动内容	负责人	备　注
5	画面编辑		
6	特效、字幕、声音处理		
7	生成视频文件		

步骤3：根据脚本拍摄短视频，根据分工完成短视频的后期处理：剪辑、配音、配乐、字幕等。

步骤4：提交短视频给指导老师审核。审核依据为《网络短视频内容审核标准细则》和短视频拍摄的脚本。

步骤5：修改并完善短视频。

修改内容：

1._____

2._____

3._____

4._____

步骤6：在抖音平台上发布农产品短视频，查看点击量。

当天浏览量：_____

7天浏览量：_____

14天浏览量：_____

活动小结

通过拍摄制作一个农产品短视频，培养团队成员策划能力，文案撰写与视频拍摄、剪辑等综合能力，培养团队的团队合作能力，组织策划能力与执行能力，培养团队成员的专业能力与职业能力，能够迁移到其他农产品的拍摄工作中，为今后的工作做铺垫。

》》》》 任务2
开展农产品电商直播

情境设计

"直播"一词由来已久，在传统媒体平台就已经出现了基于电视或者广播的现场直播形式，如晚会直播、体育比赛直播、新闻直播等。宋老师告诉同学们，电商直播为电商行业注入了新鲜血液和活力,在重新振兴传统电商行业上起到重要作用。龙海燕团队将进行农产品直播带货,希望给家乡的农产品带来更好的销量。

任务分解

为了达到良好的带货效果,需要提前做好一系列的准备工作,考虑的因素包括团队组建、制作直播脚本、直播选品等。龙海燕团队将从三个方面去开展农产品电商直播。

概括起来就是3件事:组建农产品直播团队;撰写农产品直播脚本;开展农产品直播带货。

活动1　组建农产品直播团队

活动背景

一场好的直播,除了需要风趣幽默的主播外,还需要很多工作人员,如副播、场控、运营等。大家共同组成一支团队,各司其职,才能轻松应对直播中遇到的各种问题。龙海燕团队在宋老师的指导下,将对直播团队角色进行分工。下面,我们一起来学习如何组建农产品直播团队。

知识窗

1.直播的概念

广播电视词典对直播界定为"广播电视节目的后期合成、播出同时进行的播出方式"。

2.电商直播的概念

所谓电商直播,是指主播(明星、网红、KOL、KOC、创作者等)借助视频直播形式推荐卖货并实现"品效合一"的新兴电商形式。

3.直播的岗位

直播的岗位可以分为主播团队及运营团队两个组类(见图5.2.1)。

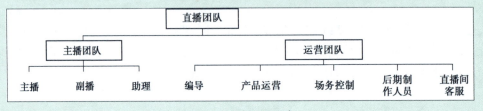

图5.2.1　直播人员配备

主播、副播和助理是直播的终端执行方,它的工作内容是展示产品和观众进行互动。这里要补充的一点是执行方除了在执行工作外,还要有一个反馈动作,因为所有的工作执行完了以后必须要做一个复盘,这样才能达到一个二次优化和提升的效果。

直播运营主要负责策划直播内容,协调直播团队和其他部门的工作;场控主要是执行运营的策划方案,在运营和主播之间进行协调。

活动实施

做一做　了解直播人员配备岗位职责。

步骤1:4人为1组,讨论5个直播主要岗位的职责和要求,也可以登录相关人才招聘网站,如前程无忧网（见图5.2.2）、智联招聘、58同城等网站。

图5.2.2 前程无忧招聘网站

通过查看招聘信息，了解电商直播相关岗位需求并完成下表。

岗位名称	工作经验	学历要求	岗位职责	职位要求

步骤2：直播团队可以根据直播时长、场景等需要因素设置相应的岗位，在人员较少的情况下，可以设置运营、场控、主播/助理3个岗位类型。选择其中一个团队成员所在家乡的农产品合作社或农产品经营企业，了解它的主营业务，帮助它开展直播营销。请先组建一个直播团队，小组内展开讨论，确定每个成员最适合的岗位类型，并描述原因，完成下表。

企业名称		
企业所在地		
主营业务		
直播团队成员	适合的岗位	原 因

续表

直播团队成员	适合的岗位	原　　因

活动小结

通过分析农产品直播团队的构成与任职条件，掌握直播营销的岗位分工与协作，从而能够更好地开展农产品直播。此次活动培养团队交流与合作的意识，强化协作意识，增强团队成员开展电商直播的自信心，培养综合操作能力。

活动2　制作农产品直播脚本

活动背景

很多主播没有直播脚本的概念，他们在做直播的过程中，想到哪儿就讲到哪儿，没有规划，甚至连产品都没有准备好，这样的直播方式是粗糙的，导致带货率很低。在宋老师的指导下，龙海燕团队了解了直播脚本在直播中的重要作用，他们明白想要做一场优质的直播，必须撰写好直播脚本。

🗒 知识窗

1.直播脚本

脚本分为单品直播脚本和整场直播脚本。单品直播脚本以单品介绍为单位，为产品解说提供依据；整场直播脚本以整场直播为单位，规范全程直播解说。

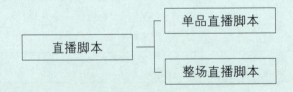

2.直播脚本的作用

①把握直播节奏；

②掌握直播主动权；

③减少直播的突发状况；

④规范直播流程；

　　⑤减少直播突发状况;

　　⑥直播效益最大化;

　　⑦管理主播话术;

　　⑧梳理直播流程。

　　3.整场直播策划的要素

　　整场直播策划的要素:直播主题、直播时间、直播人员、直播商品、直播选品、产品的构成比例、营销玩法、道具及成本、直播流程。

活动实施

　　📋 **做一做**　　撰写农产品单品直播脚本。

　　农产品卖点分为刚性卖点和柔性卖点。刚性卖点有产地、环境、品种、育法、成分、功能、特性、荣誉等;柔性卖点有品牌故事、文化渊源、名人轶事、农人农心等。

　　刚性卖点案例:登录百度百科,输入"柳州螺蛳粉"并查看相关内容(见图5.2.3所示)。柳州螺蛳粉是用螺蛳汤料、米粉和特定配料制作的一道主食,米粉含蛋白质、碳水化合物等成分,具有健脾功效,适合脾气虚弱的人食用。2008年,柳州螺蛳粉手工制作技艺入选广西非物质文化遗产名录。2021年5月24日,广西壮族自治区柳州市申报的柳州螺蛳粉制作技艺经国务院批准,列入第五批国家级非物质文化遗产代表性项目名录。

图5.2.3　百度百科"柳州螺蛳粉"词条

　　柔性卖点案例:登录百度百科,输入"妃子笑荔枝"并查看它名字由来。杨贵妃号称中国古代四大美女之一,唐玄宗李隆基在历史上是有名的皇帝。两人相逢,自然留下很多故事。杨贵妃喜欢吃荔枝,到了荔枝成熟的季节,每天都想吃到新鲜荔枝。但荔枝产于南方,多在两广、福建、四川、台湾等地。但唐朝的都城却在长安(今西安),离最近的荔枝产地尚有千里之遥。加上鲜荔枝难以保存,"一离本枝,一日而变色,二日而变香,三日而变味,四五日外色香味尽去矣。"唐玄宗为了杨贵妃,用快马日夜不停地运送荔枝,常常味道不变就已达京师。晚唐诗人杜牧有一首绝句,题目叫《过华清宫》,中间有名句专门写此事:"一骑红尘妃子笑,无人知是荔枝来。"荔枝当中的一个品种叫"妃子笑"(见图5.2.4),就由此而得名。

图5.2.4　妃子笑荔枝

步骤1：4人为1组，选择3~5个当地的农产品，利用搜索引擎输入关键词查找资料，并结合当地特色，展开讨论，寻找这些农产品的刚性卖点和它的柔性卖点，并完成下表。

序　号	农产品名称	刚性卖点	柔性卖点
1			
2			
3			
4			
5			

步骤2：当地的悦丰农产品专卖店，在疫情期间遇到了销量下降的难题。悦丰农产品专卖店老板委托同学们帮忙策划一个助农直播方案，用于日常的直播，同时为专卖店举办一场助农直播。要做好直播策划，第一步就是直播脚本的撰写。专卖店提供了4种农产品，请小组代表抽签选择其中一种，并阅读下方的任务表。

	介绍桂圆	介绍香菇	介绍红枣	介绍木耳
任务名称				

续表

	介绍桂圆	介绍香菇	介绍红枣	介绍木耳
任务描述	粉丝小黄想买桂圆送礼,请根据单品脚本向他介绍桂圆。	小艺想给妈妈购买香菇,请根据单品脚本介绍香菇。	白领粉丝小凤想购买红枣,请根据单品脚本介绍红枣。	黑龙江粉丝老韩的孩子十分喜欢吃木耳,他打算购买木耳,请根据脚本介绍木耳。
任务要求	根据客户的背景资料,提炼桂圆的卖点,撰写单品直播脚本并直播。	根据客户的背景资料,提炼香菇的卖点,撰写单品直播脚本并直播。	根据客户的背景资料,提炼红枣的卖点,撰写单品直播脚本并直播。	根据客户的背景资料,提炼木耳的卖点,撰写单品直播脚本并直播。
任务分工	主播:提炼卖点介绍产品; 助理:整理流程,辅助直播; 粉丝:听取介绍,提出问题; 场控:协调场务,拍摄视频。	主播:提炼卖点介绍产品; 助理:整理流程,辅助直播; 粉丝:听取介绍,提出问题; 场控:协调场务,拍摄视频。	主播:提炼卖点介绍产品; 助理:整理流程,辅助直播; 粉丝:听取介绍,提出问题; 场控:协调场务,拍摄视频。	主播:提炼卖点介绍产品; 助理:整理流程,辅助直播; 粉丝:听取介绍,提出问题; 场控:协调场务,拍摄视频。

步骤3:请同学们扫码观看单品直播演示,总结单品直播脚本五步法,完成下表。

直播环节	卖点拆解	关键话术
提出痛点		
引出产品		
试吃体验		
建立信任		
促单销售		

单品直播
演示

步骤4:观察实物,借助网络查阅资料,填写农产品特点,并完成下表。

序　号	产品名称	产品创意性卖点	吃　法
1	桂圆		
2	香菇		
3	红枣		
4	木耳		

步骤5：请按照本组任务，利用单品直播脚本五步法，撰写本组农产品直播脚本，并完成下表。

_____单品直播脚本		
名　称		规　格	
步　骤	要点拆解	话术内容

步骤6：根据上面角色扮演分工，把单品直播脚本演绎出来。

📖 **做一做**　撰写农产品整场直播脚本。

由于疫情的影响，湖北的农产品严重滞销。2020年4月6日，央视著名主持人和头部主播共同做了一场名为"谢谢你，为湖北拼单"的网络直播（见图5.2.5）。两个小时的直播，累计卖出总价值4 014万元的湖北产品。"直播+电商"为疫情下困难的农业带来了突破，增加农产品销量，成为乡村振兴的助力器。

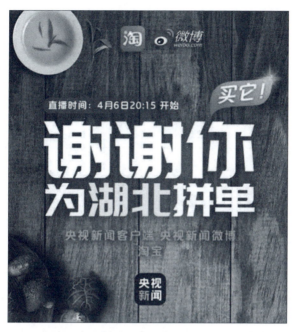

图5.2.5 "谢谢你,为湖北拼单"的网络直播

一场优质农产品直播的前提是写好直播脚本。直播脚本主要包含下面几个要素:直播标题、直播农产品信息、直播测试、直播流程。

直播标题即直播的主题,主要描述直播什么样的产品,要想做到的直播目标等。

直播农产品信息,也就是对直播销售的农产品要有一个详细的解说。充分了解带货产品是主播必做的功课,也是直播过程中促进销售转化的重要因素之一。

直播测试主要包含直播之前对于设备的调试、网络状况、设备的电量、直播间的布置检验等。

直播流程主要包含预热、福利活动、直播互动、产品介绍、直播预告以及结束语。

步骤1:4人为1组,观看人气主播的农产品直播回放,寻找你觉得最好的5个直播主题,并填写下表。

主播名字	直播时间	直播主题	直播主要产品

步骤2：龙海燕团队成员围绕直播当中常见的营销玩法及农产品专场的道具展开讨论，并完成下表。

常见的直播玩法	
常见的农产品专场道具	

步骤3：直播之前一定要准备好开播话术，脚本中一般包含话术逻辑。请同学们以悦丰农产品专卖店选中的一款农产品为例，查看网络直播回放，借助搜索引擎输入关键词查阅资料，并完成下表。

●直播欢迎语话术：直播观众都希望得到尊重，欢迎每一个进直播间的游客，既能增加游客的好感，也能让现场的每个人感觉到温暖，还反映了主播的良好素质和形象。

●直播引导性话术：在直播时给自己打广告，不断给新粉丝传递自己的直播简介，不但能吸引新粉丝点关注，还能给粉丝加深印象。

●直播追单话术：在直播当中恰当运营追单话术，能有效提高直播间的效益。

●直播感谢话术：真诚表达谢意，既是真情流露，也是主播良好人缘的表现。

●直播预告话术：直播预告可以提前锁定用户，实现下一场的爆发。预告虽短，但举足轻重。

直播欢迎语话术	
直播引导性话术	
直播追单话术	
直播感谢话术	
直播预告话术	

步骤4：请参考直播脚本范例，结合悦丰农产品专卖店提供的农产品，设计一场时长为90分钟的直播，并完成下表。

序　号	直播内容	脚　本	用　时
1	直播主题	例："三农"北流沃柑扶贫	
2	前期准备	直播宣传，人员分工，检查设备和商品	
3	主播介绍	例：学生返乡创业	
4	直播目标	例：20 000人在线观看，100+单转化	
5	开场预热	与观众打招呼	
6	品牌介绍	介绍店铺和品牌，让观众关注店铺	
7	产品测评	讲解产品的各个方面	
8	观众互动	故事分享，阅读留言，在线答疑	
9	抽奖福利	抽取奖品，秒杀福利	
10	结束语	促单出单说明及购物须知，引导关注，发布直播预告	

＿＿＿＿＿＿＿直播脚本			
序　号	直播内容	脚　本	用　时
1	直播主题		
2	前期准备		
3	主播介绍		
4	直播目标		
5	开场预热		
6	品牌介绍		

续表

序　号	直播内容	脚　本	用　时
7	产品测评		
8	观众互动		
9	抽奖福利		
10	结束语		

活动小结

通过学习农产品电商直播的脚本撰写方法，掌握电商直播的话术，从而能够更好地开展农产品直播。此次活动培养团队交流与合作的意识，强化协作意识，增强团队成员开展电商直播的自信心，培养综合操作能力。

活动3　开展农产品直播带货

活动背景

龙海燕团队组建好直播团队，并掌握了撰写农产品直播脚本的方法。他们给悦丰农产品专卖店提供了香菇的单品直播脚本。专卖店的工作人员在香菇单品直播脚本的基础上，设计了多种农产品的单品直播脚本，为专卖店做日常单品直播带来了极大的便利。在宋老师的指导下，龙海燕团队利用悦丰农产品专卖店提供的农产品，设计了整场直播策划脚本，接下来他们准备开展一场农产品直播。

🖿 知识窗

1.直播带货的流程

开展一场直播，可以细分为5个步骤：事前分析、筹划准备、事中控制、后端处理、事后总结。（见图5.2.6）

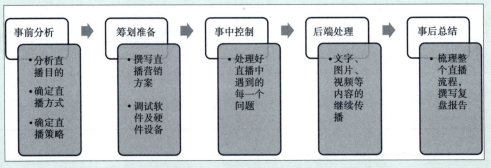

图5.2.6　电商直播五步流程

2.直播平台

直播火起来后,互联网上出现了很多直播平台。根据平台的主打内容,我们可以分为综合类、游戏类、秀场类、商务类、教育类等。农产品常选择的直播平台有淘宝直播、京东直播、拼多多直播、抖音直播、快手直播等。

3.直播数据复盘

不管做什么事情,都要有头有尾,做直播也是如此。尤其是在复盘环节上,很多人都会忽视。其实,直播复盘对主播和账号运营者都非常重要。养成好的复盘习惯,不仅可以发现提高直播销量的方法,还能查缺补漏,提前发现一些未暴露出来的问题,优化每一场直播,达到更好的直播效果(见表5.2.1)。

表5.2.1　直播数据复盘的作用

序号	数据	在直播复盘中体现的作用
1	直播销售额	销售额是最能体现直播带货能力的数据指标,但是需要综合分析一段时间内的数据走向,比如每天、每周、每月,更能真实地反映播主的直播带货力。
2	直播观众总数	每场直播的总观看人次,是一个很重要的数据。可以统计所有渠道的流量,并进行区分,即可统计到哪个渠道的引流效果最好,下次直播可加大宣传力度。其次,根据观看人数的数值,分析哪个时间段的观众最多,什么样的话术和直播形式更受观众欢迎。
3	直播间观众停留时长	用户停留的时间越久,说明直播间的产品越有吸引力,主播对用户的影响越大,直播间的人气越高,按照抖音的推算机制,系统就会将该直播间推荐给更多人看。
4	新增粉丝数	一场直播下来,粉丝转化率的高低,也是可以衡量直播间能不能抓住粉丝的胃口、有没有足够吸引力的依据。
5	直播间用户画像数据	直播间的用户画像包括年龄、性别、兴趣、来源等,掌握了这几个数据,无论是选品还是直播间的优化,都能找到切入点。
6	直播互动数据	直播观众的互动数据是可以看出用户的购买倾向和主要需求的,最主要的就是弹幕词。通过直播间的热门弹幕词,可以知道粉丝都喜欢聊什么,下次直播的时候就可以多准备一些相关的话题,来调动直播间气氛。

我们需要对直播销售额、直播观众总数、直播间观众停留时长、新增粉丝数、直播间用户画像数据、直播互动数据等进行统计与分析,为下一场直播提供优化参考。

活动实施

☐ **做一做**　撰写直播复盘报告。

步骤1:2022年6月,国家广播电视总局、文化和旅游部联合发布的《网络主播行为规范》。4人为1组,借助网络查阅并讨论《规范》中规定了主播不得出现哪些言行,完成下表。

网络主播行为规范

序　号	内　容
1	
2	
3	
4	
5	
6	

步骤2：对活动2中写好的农产品整场直播脚本检查和完善后，开始搭建直播间，利用搜索引擎搜索并阅读文章"乡长化身'直播达人'，全力促进消费扶贫"。五亩乡乡长化身"带货主播"，出现在"消费扶贫，五亩come on"网络直播间。请借鉴乡长直播间的搭建方法搭建农村电商抖音直播间，进行直播彩排，彩排时间长度为30分钟。在直播彩排过程中，总结优点，分析不足，并完成下表。

优　点	不　足	改进办法

步骤3：打开抖音直播平台，进入直播间，进行农产品直播带货，时间长度为90分钟。

步骤4：直播结束后，小组讨论，进行直播复盘，完成直播数据复盘表，并派小组代表上台进行汇报。

直播数据复盘			
直播日期			
人员参与			
项　目	数　据	问题记录	复盘结论
时　长			
点赞数			
观看人数			
评论数			
转发数			
电商数据复盘			
订单管理		查看全部状态订单	
账单管理		查看交易中及交易完成金额	
点击数		到达商品店铺点击数量	
付款数		带来的付款订单笔数	
总金额		总收入金额数	

步骤5:观看各个小组的直播回放,小组讨论,评价各个小组的直播效果,并投票选出最佳直播团队,邀请最佳直播团队上台分享直播经验,将最佳团队直播经验分点填写在下表中。

序　号	内　容
1	
2	
3	
4	

活动小结

通过完成直播复盘报告的撰写,掌握农产品直播营销的要点,从而能够更好地开展和进行农产品直播营销。此次活动培养团队交流与合作的意识,维护网络文明和谐的意识,培养团队成员知农、爱农、助农的情怀,锻炼团队成员的直播带货能力。

项目检测

1.判断题

（1）我国短视频行业兴起于2016年，2018年发展迅速。　　　　　　　　（　　　）

（2）短视频的商业变现方式目前主要是通过广告、电商变现。　　　　　（　　　）

（3）直播团队不包括后期制作人员。　　　　　　　　　　　　　　　　（　　　）

2.单选题

（1）以单品介绍为单位，为产品解说提供依据属于（　　　）。

　　A.单品直播脚本　　　B.单场直播脚本　　　C.整场直播脚本　　　D.整场直播策划

（2）在直播的时候给自己打广告，不断给新粉丝传递自己的直播简介，属于直播话术当中的

（　　　）话术。

　　A.欢迎　　　　　　　B.追单　　　　　　　C.引导性　　　　　　D.预告

（3）以下不属于短视频拍摄的辅助器材的是（　　　）。

　　A.稳定器　　　　　　B.微单　　　　　　　C.三脚架　　　　　　D.麦克风

3.多选题

（1）（　　　　　　）属于直播团队当中的主播团队。

　　A.主播　　　　　　　B.副播　　　　　　　C.助理　　　　　　　D.场控

（2）（　　　　　　）属于直播产品的刚性卖点。

　　A.产地　　　　　　　B.品种　　　　　　　C.成分　　　　　　　D.荣誉

（3）直播农产品，可以选择（　　　　　　）直播平台。

　　A.拼多多直播　　　　B.京东直播　　　　　C.快手直播　　　　　D.淘宝直播

4.简述题

（1）简述短视频的特征。

（2）简述直播带货的流程。

项目 6
农村电子商务交易与物流

▢ 项目综述

党的二十大报告提出，构建优质高效的服务业新体系，推动现代服务业同先进制造业、现代农业深度融合。加快发展物联网，建设高效顺畅的流通体系，降低物流成本。

龙海燕团队在宋老师的指导下，全面掌握了农村电子商务的国家政策、农村电商品牌的打造、农村电商网店的搭建与运营、运营农村电商新媒体等知识。他们的网店也在团队的合作下逐渐完善，收到了第一笔订单。怀着激动的心情，团队成员开始研究农村电子商务的最后一个领域——交易与物流。

近年来，电子商务与物流协同发展的逐步深入，不仅促进了农村电子商务快速发展，同时推动了物流的转型升级。随着农村网民数量的增多和网络购物、移动电商的普及，农村电商网络零售额和农产品网络零售额呈现快速增长的态势，与之对应的农村电商物流迎来了发展的良机。农村电商物流不断加快"工业品下乡、农产品进城"的趋势，也为农产品生产及销售提供了纽带性支持，在乡村振兴和提升农业竞争力等方面，发挥着越来越重要的作用。本项目主要介绍农村电商交易与物流，让同学们把握农村电商物流的内涵，洞察农村电商物流的发展趋势，认识农村电商传统物流模式以及打造农村电商创新物流模式。

接下来，让我们走进项目6，一起来学习农村电商交易与物流。

▢ 项目目标

通过本项目的学习，应达到的具体目标如下：

素质目标
◇培养学生严谨、细致、实事求是的职业态度和职业素质；
◇增强学生爱国主义教育及学生对国家的认同感和使命感；
◇培养自主探究学习的精神和信息处理能力；
◇培养团队协作的团队意识和沟通合作能力。

知识目标
◇了解农村电商物流的定义；
◇掌握农村电商物流和农产品电商物流的特点；
◇了解农村电商和中国农村电商物流的发展趋势；
◇掌握农村电商主体和农村电商传统物流模式；
◇了解在"互联网+农业"背景下的农村电商物流新技术。

能力目标

◇能收集农村电商物流政策；
◇能上网检索收集和处理信息；
◇能掌握分析案例的能力；
◇能掌握分析农村电商物流模式的能力。

☐ **项目思维导图**

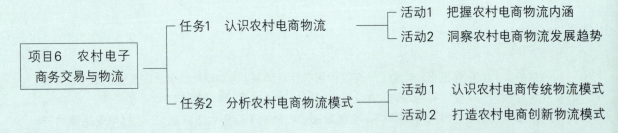

项目6 农村电子商务交易与物流

— 任务1 认识农村电商物流
　　├ 活动1 把握农村电商物流内涵
　　└ 活动2 洞察农村电商物流发展趋势

— 任务2 分析农村电商物流模式
　　├ 活动1 认识农村电商传统物流模式
　　└ 活动2 打造农村电商创新物流模式

》》》》》》任务1
认识农村电商物流

情境设计

近年来，随着国家对"三农"问题的关注，国家从政策层面大力支持农村电商及物流发展。目前，我国已经先后颁布施行了《互联网信息服务管理办法》《电子认证服务管理办法》《国家商业电子信息安全认证系统》等法规和政策，相继出台了推进农村电商物流发展的相关政策，初步搭建起了法律框架，为农村电商物流发展提供政策保障。宋老师告诉同学们，学习农村电商物流之前，要先了解国家对农村电商物流的相关政策，以及农村电商物流的内涵，洞察农村电商物流的发展趋势。下面一起来看看龙海燕团队是如何收集农村电商物流信息的。

任务分解

为认识农村电商物流，团队成员在指导老师的引导下借助网络搜索工具了解农村电商物流的相关政策规定，深入了解农村物流、农村电商物流、农产品电商物流的基本理论知识，掌握农村电商物流的特点以及物流模式，了解农村电商物流存在的问题及发展趋势等知识。

概括起来就是两件事：把握农村电商物流内涵；洞察农村电商物流发展趋势。

活动1 把握农村电商物流内涵

活动背景

农村电商开辟了农产品销售新通道,有效促进农产品上行和工业品下行,激发了农村电商物流的发展。龙同学的创业团队与多家物流公司沟通之后,选中了其中一家作为农产品包装运输的物流公司,并且协商好收发货物的时间。不同的产品、不同的运输时长决定运费价格的不同,要深入了解农村电商物流,就需要全面掌握农村电商物流的国家政策、内涵和发展趋势,下面我们一起来学习农村电商物流的相关知识。

知识窗

1.国家层面有关农村电商物流的政策解读(见表6.1.1)

表6.1.1 农村电商物流政策解读

时　间	农村电商物流政策	重点内容
2021年7月29日	《国务院办公厅关于加快农村寄递物流体系建设的意见》	强化农村寄递物流与农村电商、交通运输等融合发展。继续发挥邮政快递服务农村电商的主渠道作用,推动运输集约化、设备标准化和流程信息化,2022年6月底前在全国建设100个农村电商快递协同发展示范区。
2021年6月11日	《关于加强县城商业体系建设促进农村消费的意见》	改造提升县城综合商贸服务中心和物流配送中心。鼓励城市大型流通企业拓展农村市场,共建共享仓储等设备设施,示范带动中小企业发展。在整合县城电商快递基础上,搭载日用消费品、农资下乡和农产品进城双向配送服务,推动物流快递"统仓共配"。
2021年5月26日	《农业农村部关于加快农业全产业链培育发展的指导意见》	加强农村电商主体培训培育,引导农业生产基地、农产品加工企业、农资配送企业、物流企业应用电子商务。
2021年1月4日	《中共中央、国务院关于全面推进乡村振兴加快农业农村现代化的意见》	全面促进农村消费。加快完善县乡村三级农村物流体系,改造提升农村寄递物流基础设施,深入推进电子商务进农村和农产品出村进城,推动城乡生产与消费有效对接。促进农村居民耐用消费品更新换代。加快实施农产品仓储保鲜冷链物流设施建设工程,推进田头小型仓储保鲜冷链设施、产地低温直销配送中心、国家骨干冷链物流基地建设。
2020年2月5日	《中共中央国务院关于抓好"三农"领域重点工作确保如期实现全面小康的意见》	有效开发农村市场,扩大电子商务进农村覆盖面,支持供销合作社、邮政快递企业等延伸乡村物流服务网络,加强村级电商服务站点建设,推动农产品进城、工业品下乡双向流通。制定农业及相关产业统计分类并加强统计核算,全面准确反映农业生产、加工、物流、营销、服务等全产业链价值。

续表

时　间	农村电商物流政策	重点内容
2019年8月29日	《关于认真落实习近平总书记重要指示推动邮政业高质量发展的实施意见》	到2022年基本实现邮政"村村直通邮"、快递"乡乡有网点"，通过邮政、快递渠道基本实现建制村电商配送服务全覆盖。
2018年1月23日	《国务院办公厅关于推进电子商务与快递物流协同发展的意见》	优化农村快递资源配置，健全以县级物流配送中心、乡镇配送节点、村级公共服务点为支撑的农村配送网络。
2017年8月17日	《国务院办公厅关于进一步推进物流降本增效促进实体经济发展的意见》	完善城乡物流网络节点。支持地方建设城市共同配送中心、智能快件箱、智能信包箱等，缓解通行压力，提高配送效率。加强配送车辆停靠作业管理，结合实际设置专用临时停车位等停靠作业区域。加强交通运输、商贸流通、供销、邮政等相关单位物流资源与电商、快递等企业的物流服务网络和设施共享衔接，逐步完善县乡村三级物流节点基础设施网络，鼓励多站合一、资源共享。
2016年11月22日	《关于推动邮政业服务农村电子商务发展的指导意见》	加强农村地区末端网络建设；优化农村网络组织运行体系；创建服务农村电商的知名品牌；完善邮政业服务农村电商模式；强化科技和信息应用支撑；加大政策保障支持力度等。
2016年7月27日	《国家邮政局办公室关于鼓励邮政服务农村电子商务的意见》	邮政管理部门要积极引导邮政企业服务地方经济，着力发展农产品进城电商业务。发挥网络优势，构建电商体系等。

2.农村电商物流的相关定义

（1）农村物流

农村物流是指为农村居民的生产、生活以及其他经济活动而发生的一系列物质资料提供运输、搬运、装卸、包装、加工、仓储和信息管理及其相关的一切活动的总称。

（2）农村电商物流

农村电商物流指在农村区域范围内发生的，买卖双方通过网络购物平台推广和下单，经由信息流、快递、物流、公交车捎货等运送方式实物运输配送活动，在县城与乡镇之间运输、中转、派发，最终到达客户手中，完成农村县域内交易的过程。

（3）农产品电商物流

农产品电商物流涉及农产品的生产、收购、运输、储存、流通加工、包装、装卸、分销、搬运、配送和信息管理等一系列环节，并通过各环节的有效整合，实现农产品的价值增值，满足消费者需求和组织目标。

3.农村电商物流与农产品电商物流

（1）农村电商物流与农产品电商物流的特点

随着农村电商销售数据不断增长，农村电商的物流需求也不断扩大。2021年我国邮政快递业务量达1 085亿件，支撑网络零售额接近11万亿元。其中，农村地区去年收投快递包裹总量达370亿件，我国基本实现"村村通快递"。农村电商物流呈现以下特点：

①农村电商规模不断扩大，物流需求呈现多样性。

农村居民通过电商平台完成商品的销售或购买，从而直接产生物流需求。这些特征势必会造成物流需求量的增长及物流需求多样性，需要农村电商物流企业提供更加灵活与专业的服务。

②农村电商网站平台日益多样化，电商企业的物流布局发展迅速。

看到农村电商发展这一广阔市场，各电商巨头争相布局农村市场，发展农村电商物流。目前，阿里巴巴布局农村市场，已形成"村淘+天猫小店+汇通达"的组合产品；京东则形成了"京东帮+家电专卖店+京东便利店"的农村服务形态；而苏宁也形成了"苏宁易购服务站+零售云门店"的组合产品。

③农村物流基础设施与物流技术相对落后。

我国农村地区物流基础设施建设与快速的农村经济发展速度相脱节，道路桥梁建设、现代化运输工具、仓储等建设仍停留在较落后的水平。与我国城市地区电商物流发展相比，我国农村电商物流发展在物流基础设施及物流技术方面均存在很大的差距。

④物流信息化水平不达标，难以对目标货物实现全程跟踪。

农村电商物流的可持续发展离不开现代信息技术的支撑。但我国大部分农村地区网络信号差，不具备构建信息系统的基础，阻碍了物流信息化水平的进一步提升，进而导致货物在移交第三方物流配送后，商家和客户都无法实时掌握目标货物的物流信息，更谈不上对目标货物实时监控，导致货物不能及时、完整地送达。

（2）农产品电商物流的特点

由于电子商务的特殊性以及生鲜农产品易腐烂的自然属性，决定了在电子商务环境下农产品的电商物流有不同于一般物流的特点，主要体现在以下7个方面。

①对农产品的质量保证要求较高。在网上买农产品，改变了人们过往去菜市场亲自挑选购买的消费习惯，这就需要消费者信任网上销售的产品。所以，农产品电商最重要的就是保证产品的质量。

尤其是生鲜农产品（见图6.1.1），因其自身特点在采摘、储藏、运输、包装、配送等过程的非标化造成生鲜农产品的巨大损耗，而生鲜农产品对储藏和运输要求极高，且消费者单笔订单金额小、区域分布发散，这对生鲜农产品的储藏和品质的保障都带来较高的要求。

图6.1.1　生鲜农产品

②对物流成本的变化更加敏感。商家通常会在网站日常的运行和维护上花销不菲，为保持盈利，就会在其他成本尤其物流成本上严格控制。虽然农村电商可以缩短农副产品流通的链条，减少中间环节，但物流过程仍存在很多复杂的问题，仍然需要商家不断进行创新，优化物流流程，降低物流成本，提高运营效益。

③物流配送要求及时、快速。由于农产品电子商务的消费者平时上班忙，收货时间有很大的限制性。因此，生鲜农产品的物流配送要考虑时间差的问题，做到及时配送。由于生鲜农产品有易腐烂的特性，还要做到快速配送，在保鲜期内送达给消费者，提高消费者的满意度。同时，农产品因生产的季节性和分散性的特点，使农产品一般需要经过多次的运输、存储、装卸及配送才能到达消费者手中，这也对农产品物流的合理规划提出了较高的要求。

④分散—集中—分散的物流节点特征突出。由于参与农业生产的主体众多，离散性强，缺少联合，组织化程度低，因此生产存在盲目性；而农产品的消费者却遍布全国，容易造成农产品买难和卖难的交替出现。这种农产品的"小生产"和"大市场"的矛盾决定了农产品流通过程呈现出由分散到集中再由集中到分散的基本特点。

⑤物流配送点比较分散。由于电子商务的客户多为个体家庭，在城市中比较分散，造成配送点多、面广，大大增加了配送难度。这不像传统的农产品配送模式，由一家大型的食品商贸公司负责向大型的超市和农贸市场进行配送，这些物流节点比较集中，配送自然可以集中完成。农产品电商则需要在配送中对配送路线进行科学规划，再满足客户需求。

⑥对物流设备、技术要求高。农产品物流对设施的要求特别高，其中包括用于保鲜、冷藏和防疫等物流设备。"新鲜"是生鲜农产品的生命和价值所在，大量生鲜农产品含水量高、保鲜期短、极易腐烂变质，这大大提高了对仓储包装、运输等环节的技术要求，增加了物流难度。

⑦生鲜农产品增值幅度大。将生鲜农产品从生产基地运到配送中心后，企业一般都要对生鲜农产品进行加工处理，包括清洗、切割、包装以及保鲜处理等，这就会增加生鲜农产品的附加值。

活动实施

🗂 **做一做** 对比农村物流、农村电商物流和农产品电商物流所涉及的业务范围。

步骤1：查询网络资料，归纳整理不同物流形式的业务范围，并填入下表。

序　号	物流形式	业务范围
1	农村物流	
2	农村电商物流	
3	农产品电商物流	

步骤2：搜索相关企业农村电商物流组合产品开展情况，并填入下表。

企　业	组合产品	开展情况
阿里巴巴	村淘+天猫小店+汇通达	
京东	京东帮+家电专卖店+京东便利店	
苏宁	苏宁易购服务站+零售云门店	

步骤3：列举具体的5点我国农村电商物流存在的问题，并填入下表。

序　号	我国农村电商物流存在问题
1	
2	
3	
4	
5	

活动小结

通过学习农村电商物流的定义，掌握农村电商物流和农产品电商物流的特点，搜索农村电商物流组合，归纳农村电商物流发展的瓶颈，全面了解农村电商物流的现状。此次活动培养团队交流与合作的意识，培养团队成员严谨、细致、实事求是的职业态度和职业素质，培养团队成员知农、爱农、助农的情怀，增强团队成员的社会使命感和责任感。

活动2　洞察农村电商物流发展趋势

活动背景

宏观经济运行的稳定、农村数字经济的发展、居民收入水平的提高、居民消费的转型升级、乡村消费市场的释放，为农村电商的长久发展营造了良好环境，为农村电商物流的持续发展奠定了经济基础。龙海燕团队在学习了农村电商物流内涵的基础上，接下来将学习洞察农村电商物流发展趋势。

📖 **知识窗**

1.农村电商发展趋势与展望

(1) 数字乡村建设将更加深入

新一代信息技术空前活跃,不断催生新产品、新模式、新业态,为数字乡村发展创造了前所未有的机遇,中央推出新基建支持政策也将为数字乡村建设提供新机遇。农村电商作为数字乡村的重要组成部分,将全方位推动数字乡村发展。目前,阿里巴巴、京东、苏宁等各大电商平台都在加快农村电商布局,农村电商已成为各大电商争抢的新战场;大量互联网带动的农村创新创业活动蓬勃开展;未来,更多涉农领域的互联网科技公司将加速崛起,通过数字化手段打通农产品生产、销售各环节已成必然趋势。

(2) 生鲜电商将迎来新机遇

我国生鲜电商市场近年来发展迅速,商业模式不断创新,朝着集成化、智能化方向发展,陆续涌现出盒马鲜生、京东7FRESH为代表的"线上+线下+餐饮"相融合的生鲜零售新模式。农产品冷链建设也在提速,截至2019年,商务部已支持建设837个农产品冷链物流项目。随着产业互联网崛起,生鲜电商B2B模式蓄势待发。2019年,京东、苏宁等电商平台加大冷链投资力度,对外开放冷链业务,为冷链B端客户群提供服务。截至2022年,京东冷链仓配服务已经覆盖北京、上海、广州等11个主要城市,共拥有17个仓;苏宁冷链在全国核心100个城市能提供点到点、点到多点的冷链同城共配服务。

(3) 农批市场数字化转型将加快步伐

我国正处于从传统农业向现代农业转型关键期,现代信息技术在农业领域广泛应用,已进入建设数字农业农村的新阶段。5G、物联网、大数据、云计算、区块链、人工智能等新技术(见图6.1.2)和农业全产业链的深度融合推动新模式、新业态加速创新,为产业转型升级增添新动力,数字红利将在农村地区特别是贫困地区得到更宽领域、更深程度的释放。数字化转型是解决传统农批市场顽疾的良药,农批市场数字化转型迫在眉睫。新冠疫情在给市场带来冲击的同时,也给农村电商带来了新的发展机遇,加快农批市场数字化转型步伐,农批市场数字化转型已是大势所趋。

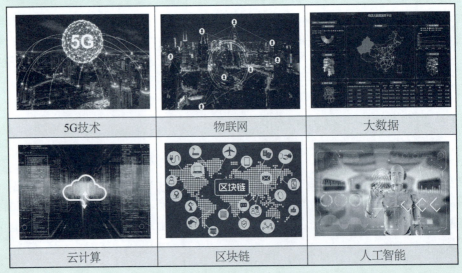

图6.1.2 数字农村新技术

（4）农产品跨境电商将日益壮大

2023年中国农产品电商高层研讨会上发布：2022年我国农产品跨境电商贸易额81亿美元，同比增长25.9%。其中，出口12.1亿美元，同比增长153%；进口68.9亿美元，同比增长15.7%。农产品跨境电商政策制度体系持续完善。一方面RCEP生效实施，协定中涉及农产品的比重较大；另一方面，截至2022年底，国务院已先后分七批设立165个跨境电子商务综合试验区，覆盖31个省区市；此外，支持外贸新业态的跨境人民币结算、发挥海外仓的带动作用，以及推动跨境电商的出口退换货试点等政策措施，都推动了农产品跨境电商的高速增长。

2.中国农村电商物流发展趋势

（1）农村电商物流供应链的重构趋势将创造乡村产业新增值

目前，农产品、农资和日常生活用品的"上行和下行"都已出现电子商务企业的身影。例如，拼多多的"农货中央处理系统"（见图6.1.3）将前端客户分析、中端信息管理、后端供应链有效衔接，实现了"山村直连小区"的新型农货上行模式；2021年，菜鸟已经在全国建设1 000个县级共同配送中心，在30 000多个乡镇、村庄建设了快递服务站，在湖南、广西、云南、陕西、山西、江西6个省、自治区的农产品核心产区，建设了8个农产品上行产地仓；京东物流已覆盖大陆地区所有区县以及超过55万行政村，给乡村带来现代化生活的便利；供销e家在全国22个省（自治区、直辖市、新疆生产建设兵团）拥有省级子公司，建设县级运营中心约300个、3万多家乡村电商服务站。

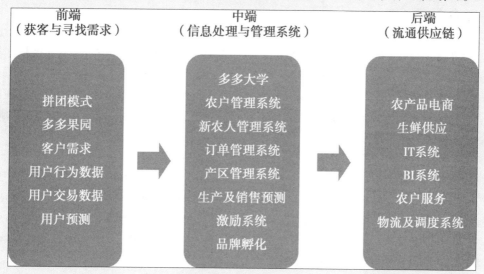

图6.1.3　拼多多"农货中央处理系统"

随着电子商务在农村物流的应用和发展，农村物流主体在电子商务技术的协助下，实现了"脱媒"，正在不断减小与终端用户之间的隔阂，传统上游至下游的推式供应链被摒弃，由需求主导的自下向上的拉式供应链出现了。在供应链的改革过程中，由传统供应商控制供应链进行渠道控制向电子商务企业控制的供应链进行整合转变，由上中下环节中断式运转向上中下协同一体化演进。

（2）农村电商物流纵向多样化发展趋势将助力实现乡村生活富裕化

随着农村电商物流的发展，连接农户、经纪人和其他乡村资源的电商企业也如雨后春笋般发展起来。例如，拼多多在云南、四川和陕西等地的"多多果园"模式，通过农产品生产基地这一模式，融合农户、企业和政府等资源，实现了分散农户纵向一体化；汇通达通过乡村和乡镇夫妻店建立起1+N的农村生态圈，通过农村"5+赋能"和"5帮富农"等形式，将分散小农户组织起来，实现了农户组织的纵向一体化。

连接乡村农户共建农村生态的电商企业的出现和发展，给乡村和农户注入了新的思维和动能。农户们充分发挥主观创造能力，通过引入竞争机制来激发活力，在不同乡镇的优势基础上形成差异化、层级化格局，在区域、全国甚至世界范围内形成竞争有序、互通有无和共促繁荣的"三农"大格局。

(3)农村电商物流冷链产地化趋势将助力乡村消费新模式

我国农产品在流通过程中的损耗高达20%~30%，尤其是生鲜产品和水产品品类损耗更高，这与我国目前农产品全冷链设施薄弱有关，且无论在冷库量、冷藏车数量还是冷链包装方面都与发达国家存在差距。另外，我国消费者的饮食结构正在发生变化，逐步转向以蔬菜、肉类和水果为主要构成的饮食结构。

(4)农村电商物流协同标准化趋势将提升乡村产业旧动能

无论是实现农村电商物流组织纵向一体化，还是实现冷链过程全程化，关键都在于农村电商物流标准化的实现。通过分析农村电商物流存在问题可知，农村电商物流标准化尤其是农产品流通上游标准化对于提升农村电商物流效率、降低农产品损耗具有重要意义，但其实践仍存在较大困难。

(5)农村电商物流数字信息化趋势将催生乡村经济新动能

信息技术和电子商务在农村的普及和发展，为农村经济发展提供了新动能。信息化和数字化是农村电商物流发展的必然趋势，从宏观角度分析，未来农村电商物流企业将会普及信息技术和数字化，并在电子商务技术的基础上优化物流业务和业务路径、节点，最终实现管理效率上升与交易成本下降；资源的网络规划、有效配置、资源共享、资源的利用效率的提升将通过信息技术和电子商务得以实现。

(6)电商物流自动智能化趋势将有助于构建应急物流体系

新冠疫情的暴发使电商物流企业迎来了发展拐点，使其从"汗水物流"变为"智慧物流"，升级了服务能力；从"仓储运输服务"走向"供应链服务"，加深了行业协同和联盟。电商物流利用科技赋能，构建从生产到消费的高效可控的柔性网络智慧物流。仓储体系智能化有利于提高应急灾难物资周转效率。运输体系的平台智能化有利于提高应急灾难物资的汇集和配送效率。电商物流配送模式智能化使"无接触"配送模式成为趋势，有利于提高配送效率。"无接触"配送对末端"最后一公里"场景的改造，增强客户黏性和丰富物流末端生态。

活动实施

做一做 归纳农村电商发展趋势。

步骤1：查找相关企业"线上+线下+餐饮"相融合的生鲜零售新模式的典型代表，并填入下表。

序　号	企　业	典型代表
1		
2		
3		
4		
5		

步骤2：搜索相关电商企业在农产品、农资和日常生活用品的"上行和下行"开展的活动，并填入下表。

序　号	企　业	开展活动
1		
2		
3		
4		
5		

活动小结

通过归纳农村电商物流发展的趋势，掌握新技术、新技能在物流领域的应用，从而能够更好开展农村电商物流管理，此次活动有助于培养团队交流与合作的意识以及培养团队成员知农、爱农、助农的情怀。

任务2
分析农村电商物流模式

情境设计

在国家政策的号召与支持下,农村地区巨大而有潜力的电商物流市场吸引了众多电商物流企业(典型代表有邮政、阿里巴巴、拼多多、京东和顺丰等)在农村布局,积极探索切实可行的农村电商物流模式。宋老师告诉同学们,学习农村电商物流必须学会分析农村电商物流模式。下面一起来看看龙海燕团队是如何分析和收集农村电商的物流模式信息的。

任务分解

为认识农村电商物流模式,团队成员在指导老师的引导下,通过搜索相关资料,深入了解农村电商传统物流模式,学习农村电商主体的物流模式,了解电商企业涉农服务情况,掌握在"互联网+农业"背景下的农村电商物流新技术以及如何打造农村电商创新物流模式。概括起来主要分解为两个活动:认识农村电商传统物流模式;打造农村电商创新物流模式。

活动1 认识农村电商传统物流模式

活动背景

不断壮大的农村电子商务主体有效激发了农村的物流需求,为农村电子商务物流发展创造了市场基础。根据第三次全国农业普查结果显示,全国有25.1%的村有电子商务配送站点,全国快递末端网点备案数量已突破10万个,初步形成了县、乡、村的三级物流配送体系。下面我们一起来学习农村电商物流的传统物流模式。

📖 知识窗

近年来,农村电商不断发展,农村电商物流也在不断进行探索,以寻找合适的发展道路。自营物流、第三方物流以及自营+第三方物流模式不断涌现。目前农村电商物流传统模式主要有以下几种模式。

(1)自营物流配送模式

所谓自营物流配送模式,是指电子商务企业着眼于企业的长远发展考虑,自行组建配送系统,并对整个企业内的物流运作进行计划、组织、协调、控制管理的一种模式。即电商企业自行建立物流配送体系,与当地的农产品生产企业合作,直接将农产品从生产地运送到消费者手中。这种模式需要电商企业具备一定的物流管理能力和资金实力。

自营物流配送模式主要分为两种类型:一类是资金实力雄厚且业务规模较大的B2C电子商务公司;另一类是传统的大型制造企业或批发零售企业经营的电子商务网站。自营物流配送模式是农村电商企业为了在农村抢占更多商机或利用自有物流配送,坚持用自有的物流配送工具或在县级、村级建立自己的储存仓库,实现物流配送。例如,乐村淘(见图6.2.1)、遂昌赶街等村级网上体验店，以及大部分乡镇的网购体验店等。又如，京东县级服务中心（设有配送站长、物流配送员和乡村主管），苏宁易购（自建渠道，把大量的优质商品带出农村，启动农产品直采、众筹项目等"城到村"或"村到城"的自营物流模式）。

图6.2.1　乐村淘

（2）第三方物流配送模式

所谓第三方物流配送模式，是指接受客户委托为其提供专项或全面的物流系统设计及系统运营的物流服务模式，也称为合同物流、契约物流。即电商企业与当地的物流配送企业合作，共同开拓农产品电商市场，为农产品生产企业提供物流配送服务。这种模式可以有效地整合各方资源，降低物流成本，提升物流效率。第三方物流配送模式以签订合同的方式，在一定期内将部分或全部物流活动委托给专业的物流企业来完成，这种模式也称为外包物流配送模式。目前，我国的第三方物流配送模式提供商主要包括一些快递公司（如顺丰、申通、圆通、中通、韵达等）和国内邮政体系两种。例如，阿里巴巴建设淘宝村，借助快递公司，实现线下货物流入农村或流出农村。

（3）第四方物流模式

第四方物流是为物流业者提供一个整合性的物流，包括金融、保险、多站式物流配送的安排。第四方物流专门为第一方物流、第二方物流和第三方物流提供物流规划、咨询、物流信息系统、供应链管理等活动。这种模式是专业化的物流咨询公司，应物流公司的要求为其提供的物流系统的分析和诊断，或提供物流系统优化和设计方案等。从某种程度上，第四方物流是个大概念，是真正能把众多的、成百上千家第三方整合在一起的供应链管理型公司。例如：菜鸟网络是一家第四方物流公司。菜鸟通过遍布中国城乡的菜鸟驿站（包括社区、校园、乡村）与线上数字化产品菜鸟App以及菜鸟裹裹，为消费者提供便捷的寄递、代收、查询等物流服务。截至2021年末，菜鸟驿站现已覆盖200多个城市、3000所高校和4万多个乡村。

电商企业涉农服务情况

活动实施

🖹 **做一做**　传统物流模式的分析。

步骤1：查找自营物流模式、第三方物流模式和第四方物流模式的物流公司，并填入下表。

序　号	物流模式	物流公司
1	自营物流模式	
2	第三方物流模式	
3	第四方物流模式	

步骤2: 搜索中国排名前5名的快递公司, 并填写入下表。

排　名	快递公司	物流模式
第一名		
第二名		
第三名		
第四名		
第五名		

步骤3: 现在有一件重2 kg的玩具需要从广东汕头寄往江苏苏州, 请你列举可以选择哪些快递公司。

_____

步骤4: 对比中国排名前5名的快递公司, 填写下表。

对比项目 ＼ 快递公司					
费　用					
网点数					
速　度					

步骤5: 对比后, 选择寄件的快递公司, 并写出理由。

_____
_____
_____
_____
_____

活动小结

通过查找自营物流模式、第三方物流模式和物流联盟模式,掌握农村电商传统物流模式的运作规律,从而掌握更好为农村电商买卖双方提供高效的物流服务的知识。此次活动有助于培养团队交流与合作的意识,培养团队成员知农、爱农、助农的情怀以及锻炼学生处理物流订单的能力。

活动2 打造农村电商创新物流模式

活动背景

随着我国电子商务发展模式日趋成熟,电子商务与物流协同发展不断加深,电商物流仍然是物流细分领域中较为活跃的领域之一。大数据、云计算、人工智能等为农村电商物流创造了更为丰富的应用场景,不仅催生了新的电商业态,也推动物流服务走向供应链重构,加速物流业持续发展。龙海燕团队将在宋老师的带领下一起学习农村电商创新物流模式。

📋 知识窗

"互联网+农业"背景下的农村电商物流新技术

(1)物联网

农业物联网技术是通过诸多信息采集、传输等传感设备彼此结合起来,构成监控网络,对农业生产环境的土壤、水肥、空气温湿度等信息进行采集分析实现自动化、智能化、远程控制的网络技术。随着物联网技术在传统农业的应用(见图6.2.2),实现了对农业生产的精准控制、远程监管使传统农业更具有"智慧"。

图6.2.2 农业物联网云平台

(2)一物一码

在我国近些年食品安全事件偶有发生,三鹿奶粉、染色馒头、苏丹红鸭蛋、瘦肉精猪肉等,这些食品安全事件的发生使消费者产生了恐惧的心理。吃什么才安全、去哪里购买才放心,这些问题已经成为困扰人们生活的问题之一。在这种情况下,建立一种可追溯制度就显得尤为必要。一物一码产品溯源体系就在这个阶段应运而生。

一物一码,将原材料、产线、运输、经销渠道、防伪识别一一关联,彻底杜绝假冒伪劣、产品窜货等行为(见图6.2.3)。同时,让问题产品有据可依,直抓源头,让问题根源无处遁形。让企业所有产品变得可监控,可追溯。一物一码,可以衔接生产企业、养殖基地、蔬菜生产基地、屠宰加工基地、超市连锁、仓储物流、肉菜市场、批发市场等节点,涵盖原材料、生产、养殖、加工、仓储、物流、营销等环节,与国家、省、市的肉类蔬菜流通追溯管理平台对接,确保肉类蔬菜质量安全可溯可控。

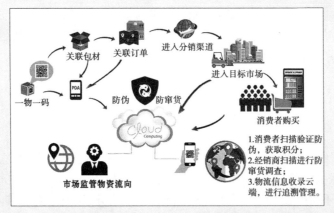

图6.2.3　一物一码

（3）大数据

随着信息技术的突飞猛进和互联网应用的迅速普及,大数据正逐步发展成为一个独立的产业形态,正逐渐成为经济发展的驱动力,成为高质量发展的新引擎。发展农村电商同样重视大数据,利用大数据实现农产品的精准生产和营销,为农村产业调整指明方向,从而将农村电商推向新的发展阶段。

（4）区块链

区块链技术是一种分布式、去中心化、由集体共同维护的一个可靠的数据库技术方案。我们可以采用区块链的技术来管理物流快递数据,如库存数量、订单明细、货款详情、提单等信息都将被分成一个个具有独立认证信息的数据块,在链条上的任意一个参与者还能反向提供属于他们自己的认证信息或电子标签。这样,他们可以对数据块进行反向认证并把这双重认证的信息添加到整条区块链上。在交易上的每一个操作者除了能拥有共享的信息外,还能将自己的认证信息传递到链上的其他人,既保持了信息的透明度,也保证了交易的安全性。在运输过程中,基于区块链技术的数据共享平台还可将快递包裹寄件、揽件、运输、末端配送、签收的全流程数据进行上链,同样确保了包裹流转过程的公开透明。也会在区块链系统保存寄件、收件人信息。当快递员进行配送时,通过特定系统进行实名认证,避免了包裹被无关人员冒领、错领。如包裹在配送过程中出现事故,用户可通过区块链系统对包裹信息进行追溯,确认流转过程中引发问题的环节和责任人。

（5）人工智能

农村电商物流行业对人工智能的应用越来越多,因此带来的效率提升也特别明显,物流行业从劳动密集型产业向知识技术型产业转变。人工智能技术应用于物流行业,应用领域包括但不限于以下一些方向:第一是车货匹配系统;第二是无人驾驶体系（见图6.2.4）;第三是图像、视频识别;第四是语音识别技术;第五是智能化场站管理;第六是物流运营管理。

图6.2.4　无人配送车

活动实施

📋 **做一做** 打造创新物流模式。

步骤1：查找在"互联网+农业"背景下的农村电商物流新技术的应用范围，并填入下表。

序 号	新技术	应用范围
1	物联网	
2	一物一码	
3	大数据	
4	区块链	
5	人工智能	

步骤2："新基建"是新冠疫情后经济社会发展的新动力，在一定程度上也促进了农村电商物流的发展，请同学们搜一搜"新型基础建设"的七大应用领域，并填入下表。

序 号	应用领域
1	
2	
3	
4	
5	
6	
7	

活动小结

通过学习农村电商创新物流模式，掌握物流新技术、新技能的广泛运用情况，从而能够更好地将智慧物流融入农村电商的项目中。此次活动有助于培养团队交流与合作的意识，维护网络文明和谐的意识，锻炼团队成员的分析与管理能力。

项目检测

1.判断题

(1)农村电商规模不断扩大,物流需求呈现多样性是农村电商物流的特点。　　　(　　)

(2)农村电商物流的分散性、规模大和季节性,是农村电商物流存在的问题。　　　(　　)

(3)智慧农业是利用物联网、云计算、大数据、人工智能、区块链等现代信息技术构建的一体化农业信息化大数据云平台。　　　(　　)

2.单选题

(1)下列不是农村电商物流特点的是(　　　)。

　　A.农村电商规模不断扩大,物流需求呈现多样性

　　B.农村电商网站平台日益多样化,电商企业的物流布局发展迅速

　　C.农村物流基础设施与物流技术相对先进

　　D.物流信息化水平不达标,难以对目标货物实现全程跟踪

(2)下列不是农产品电商物流特点的是(　　　)。

　　A.对农产品的质量要求较高

　　B.对物流成本的变化更加敏感

　　C.物流配送点比较分散

　　D.对物流设备、技术要求较低

(3)一物一码技术一般通过(　　　)记录产品的原料、生产、质检等关键环节信息,数据采用中心化存储或区块链分布式存储。

　　A.二维码形式　　　　B.条形码　　　　　C.机器语言　　　　D.小程序

3.多选题

(1)下列是农村电商物流存在问题的是(　　　　　)。

　　A.农村电商物流的分散性、规模小和季节性,阻碍乡村规模经济

　　B.农村电商物流的中间消耗少、物流成本低,促进乡村美丽建设

　　C.农村电商物流冷链设施和能力不足,阻碍乡村消费结构转型

　　D.农村电商物流的标准化缺失和执行不严,阻碍乡村旧动能发展

(2)下列是在"互联网+农业"背景下的农村电商物流新技术的有(　　　　　)。

　　A.物联网　　　　　B.人工智能　　　　C.大数据　　　　　D.区块链

(3)下列属于企业自营物流的是(　　　　　)。

　　A.菜鸟网络　　　　B.京东物流　　　　C.申通　　　　　　D.圆通

4.简述题

(1)农村电商物流具备哪些特点?

(2)在"互联网+农业"背景下的农村电商物流的新技术有哪些?

[1] 钟雪梅. 电子商务基础 [M]. 3版. 重庆: 重庆大学出版社, 2022.

[2] 白东蕊. 网店客服理论、案例与实训 [M]. 北京: 人民邮电出版社, 2021.

[3] 柳西波, 丁菊, 黄睿. 农村电商 [M]. 北京: 人民邮电出版社, 2020.

[4] 广东省职业技术教研室组织. 农产品视觉营销 [M]. 广州: 广东科技出版社, 2021.

[5] 张雪玲. 网店运营 [M]. 2版. 重庆: 重庆大学出版社, 2020.

[6] 魏延安. 农产品上行运营策略与案例 [M]. 北京: 电子工业出版社, 2018.

[7] 蔡余杰. 从0到1学做直播电商 [M]. 北京: 中国纺织出版社, 2021.

[8] 李非黛. 直播解决方案 [M]. 北京: 中国经济出版社, 2021.

[9] 郭凯凯, 高启杰. 农村电商高质量发展机遇、挑战及对策研究 [J]. 现代经济探讨, 2022(2): 103-111.

[10] 汪向东. 未来十年农村电商升级的十点建议 [J]. 中国信息界, 2022(1): 34-37.

[11] 刘燕, 李加斌. 农村电商的发展态势及其影响因素研究分析: 基于全国212个村庄4245户农民的调查 [J]. 山西农业大学学报(社会科学版), 2022, 21(2): 31-40.